歷史文化叢刊

隋唐墓誌研究

——以中國國家博物館藏為中心

程源源　著

推薦序

　　二〇二三年十二月八日，我收到了程源源贈送、中國社會科學出版社出版她的博士學位論文《呂祖謙史學研究》。時隔四個月，當其博士後出站報告《中國國家博物館藏隋唐墓誌研究》即將出版並囑我作序時，讓人不禁感嘆。

　　二〇一九年夏天，我第一次在中國國家博物館北門接她入館，她看起來不像是準備開始博士後研究階段的科研人員，更像是一位朝氣蓬勃、充滿活力的大學生。作為她的博士後合作導師，我當時計劃是讓她做國博館藏宋代文物的研究。經過反覆討論，最終找到了一個與其學術背景關係密切的探索方向，選擇了以國博館藏隋唐墓誌作為研究對象，主要基於以下兩方面考慮：一方面，國博館藏墓誌研究價值較高，以往探討大多以個案為主，缺乏全面、系統的梳理，學術價值潛力較大，還有進一步發掘的空間；另一方面，墓誌的文獻屬性與作者的專業背景契合，源源的博士專業研究方向為史學史，對於文獻材料較為熟悉，跨度略小，把握起來相對容易。

　　這一選題體量適中，有較為重要的學術價值，並具有可持續性。從研究對象的體量上來看，國博館藏墓誌上百方，其收藏與徵集的歷史自民國至今已逾百年，墓誌的文獻與史料價值、相關收藏與徵集史等方面內容極為豐富，完全能夠支撐起一篇博士後的出站報告。從學術價值來講，迄今為止學術界關於國博館藏墓誌的研究以個案和資料整理為主，較為分散。墓誌作為重要的文物類型，承載著標記墓主身分、記載生平事跡等功能，同時還具有書法、雕刻裝飾等藝術層面的

價值。隋唐時期正是墓誌發展史上最為重要的時期，以其作為研究對象具有較高的學術價值。國博館藏隋唐墓誌涉及到這一歷史時期社會的各個層面，涵蓋政治、文化、婚姻和社會變遷等諸多議題，隋唐時期部分重大歷史事件幾乎都能在館藏墓誌中找到其相關訊息，以此作為研究對象，無疑是非常理想的學術選題。

經過二〇一九至二〇二一年國博博士後科研工作站的學習和工作，程源源圓滿完成了進站時設定的學術目標。綜觀該書內容，可以歸納出以下五個特點：

第一，對國博館藏隋唐墓誌資料做出目前為止最為全面、系統的梳理與解讀。國家博物館的歷史，最早可追溯到一九一二年成立的國立歷史博物館籌備處。經過一個多世紀以來國博學者的辛勤努力，館藏墓誌數量已達百餘方，成為國博館藏文物的重要門類之一。該書從國博墓誌收藏與展覽角度進行了系統梳理，認為主要包括三個階段：一是一九一二至一九三〇年國立歷史博物館的考古發掘與收購，二是一九五九年建立中國歷史博物館（國博前身）新館、開館前後的大規模文物調撥，三是一九八九年前後歷博在全國範圍內調撥文物。

第二，揭示館藏隋唐墓誌反映的歷史面貌。館藏隋唐墓誌誌主或為大家望族，或為品級較高的官吏，墓誌記述可與史傳內容相互對照，補闕糾誤。本書著重從李世民功臣集團、少數民族及其後裔在華情況、中下級官員遷轉情況、重要歷史人物與事件、名人撰文、高門望族世家譜系、佛道教對社會生活的影響、對女性和隱逸之士的記載展開，較為全面地反映了隋唐時期的歷史面貌。此外，對國家博物館藏墓誌的形制特點亦進行了介紹與總結。

第三，對較為重要的國博館藏墓誌做較為深入的個案分析。一是對獨孤思敬及其夫人元氏的墓誌進行考辨，重點分析了其出土概況、家世、任職及婚姻等問題，反映出中唐時期世家大族由武向文的轉

變。二是考證唐代夏侯法寶墓誌，從誌石形制、書法特點和內容考釋三個方面展開論述，揭示出夏侯法寶墓誌的文化內涵。

第四，通過編撰資料長編的方式，對國博館藏隋唐墓誌做了系統梳理，將零散的館藏墓誌資料整合成按時間先後順序排列的系統資料，凸顯館藏墓誌的資料價值，可為有志於此項研究的學者提供基礎資料方面的便利條件。

第五，該書所呈現出來學術性、系統性、資料性並重的特點是顯而易見的，這與程源源在碩士與博士階段接受系統、嚴格的歷史學訓練密不可分，為其順利完成博士後出站報告打下了堅實的學術基礎。在短短的兩年時間內，程源源默默無聞地做了大量的基礎工作，在本書中反映出來的只是其中一部分。在站期間，她勤奮刻苦的學習精神、較為突出的研究成果，給國博同仁留下了深刻印象。

儘管該書有以上諸多值得肯定的特點，但仍存在不足之處，如個案研究還不充分，未能將中晚唐社會的巨大變遷反映出來。「小荷才露尖尖角」，我相信，立足於中國社會科學院歷史理論研究所寬廣的學術平臺之上，程源源博士在史學研究方面將會取得更大進步。

二〇二四年四月八日於國博研究院

目次

第一章
選題緣起和研究意義

第一節　選題緣起

　　墓誌是古代石刻文獻的重要組成部分，存世數量巨大，同時作為一種重要的祔葬品，在考古發掘中也有出土。作為重要的文化遺物為歷史研究提供了大量的珍貴資料，自宋代金石學興起後歷來為學者所重。墓誌在墓葬中具有標記身分、記載生平事蹟等功能，隋唐時期墓誌數量眾多，並在書法、雕飾等藝術層面成就突出。這些墓誌對後世影響深遠，宋元明清時期墓誌的主要形制和文體基本沿襲唐代，正因為隋唐墓誌所取得的突出成就和重要影響，以之為研究對象具有較高的學術價值。

　　隋唐時期是中國封建社會的發展時期。政治上，隋唐王朝結束了長期的戰亂紛爭，出現繁榮安定的政治局面。經濟上，東晉以後江南經濟持續發展，到隋唐時期穩定的大一統統治下，各地經濟均開始復甦，迎來了盛世繁華。文化上，在經歷了魏晉南北朝民族間的融合和人口大規模流動後，各民族之間融合進一步加深，為文化的發展注入了新的活力。思想領域在長期的民族鬥爭和融合後，形成了「天下大同」、「天下一家」的觀念，國家認同得到加強。墓誌作為這一時期的歷史遺存，被深深地烙上了時代的印記。首先是這一時期高度繁榮的社會經濟和強盛的國力，反映在墓誌紋飾上，雕刻精細，種類繁多，與其他朝代的墓誌相比具有明顯的藝術特色，墓誌的銘文多為著名書法家和文人墨客所書寫，具有極高的書法藝術價值。其次這一時期民

族融合的不斷加深，也影響了這一時期的墓誌形態。這種影響是雙重的，一方面中原地區墓誌影響周邊地區的墓誌書寫，另一方面唐代文化吸收異域文化因素也體現在中原地區的墓誌中，具體表現如高昌國、渤海國等邊遠地區的墓誌受中原地區影響較大，文體和形制上的影響尤為明顯，以及源自西域的聯珠紋出現在唐代墓誌上。再次由魏晉南北朝主要在世家大族墓葬中出土的墓誌，到隋唐時期，各級官員墓葬中皆有墓誌出土，可見使用墓誌的群體已進一步擴大。總之，隋唐時期的時代特色促進了墓誌的發展，為墓誌逐漸成熟和定型奠定了堅實基礎。

中國國家博物館（以下簡稱「國博」）館藏各類文物共計一百四十餘萬件，墓誌藏品在收藏數量位居前列，尤其值得一提的是，館藏墓誌彙集了諸多精品，如《息州長史崔君墓誌銘》、《阿羅憾墓誌》、《獨孤思貞墓誌銘》等。與館藏碑刻、墓誌銘的豐富和價值形成反差的是有關墓誌的學術研究成果還不夠全面系統，還存在較大的研究空間。如何充分利用和發揮這些墓誌在學術研究上的價值，是學者的責任所在。

隋唐墓誌現存數量較大，可搜集到的拓本材料達五千多件，[1]本選題僅以國博館藏墓誌作為研究對象，但豐富的墓誌材料為本選題的深入發掘提供了可能性；自宋代金石學興起後，對墓誌材料的研究便已開始，無論是傳世品還是新中國建立後的考古發掘品，對單個墓誌研究、墓誌材料整理彙編、墓誌與社會生活史的呼應等等議題，歷代學者已經取得相當豐碩的成果，這些辛勞與智慧的結晶為本選題的研究提供了堅實的學術基礎；在前人成果的基礎上，筆者發現將墓誌研究推向史學研究視域的嘗試具有較高的可行性，在闡發墓誌史料價值

1　趙超：《古代墓誌通論》（北京：紫禁城出版社，2003年），頁125。

的基礎上，對它們的歷史書寫特點、史學思想進行研究，從史學史的視野闡發墓誌的屬性和特點。墓誌作為一種歷史書寫形式，本選題將從史學史的視角來對墓誌加以研究，而不僅是史料學的角度，史學史的研究視角包括對墓誌撰述特點的總結、撰述旨趣的研究，以及撰述內容所反映的史學思想等方面的闡發。

第二節　研究意義

第一，對這一課題的研究有助於釐清對這一時期館藏隋唐墓誌的總體認識與研究。隋唐墓誌現存數量巨大，國家博物館作為文物收藏展覽的重鎮，其所藏墓誌具有代表性，具有較高的學術研究價值。從整體上來把握這一時期的墓誌，不但能將前人已有的研究成果吸收進來，也有助於揭示這一時期墓誌的共性特點。

第二，研究此課題有助於我們深化對這一時期隋唐墓誌的演變。隋唐時期在墓誌發展史上具有重要地位，後世墓誌基本要素在這一時期固定下來，廓清這一時段中墓誌演變趨向及其動因，對摸清當時社會文化情況都有積極意義。

第三，在與其他文獻載體的對比中總結出墓誌的獨特價值。墓誌與其他文獻載體的關係與異同之處，它們相互之間的傳承、影響的內在規律和外在形式，都是需要進一步提煉總結的。這一部分內容的發掘，對於歷史學、歷史文獻學、宗教史、科技史、性別史、文學、文字學都具有重要意義。

第四，這是墓誌研究由史料向史學的一次嘗試，拓寬了研究視野。過去對墓誌的研究，著重於墓誌的考證、墓主及其家族探析、墓誌反映出的家族關係及社會關係等方面，主要是將墓誌作為一種史料來進行研究，而從史學角度來研究墓誌的成果較為稀缺。本課題將從

內容和方法都比較單一的史料考證向墓誌內涵作全面史學分析，概括出墓誌在史學上的特點及思想內涵。

第三節　相關問題的學術史回顧

自金石學在北宋時期興起，關於隋唐墓誌研究已經有一千年左右的學術傳統。至清代考據學興盛，加上墓誌出土增多，墓誌成為金石學中的重要研究對象，他們對墓誌進行著錄、考證，湧現出諸如葉昌熾《語石》這樣的石刻通論著作。民國時期，出土唐代墓誌數量劇增，諸多相關釋錄、目錄相繼問世，有關唐代墓誌的綜合研究也取得了較大突破，王國維、羅振玉、梁啟超等人是這一時期的傑出代表。新中國成立後，墓誌的發掘與研究進入了新階段，無論是研究的深度還是廣度，都較前人有了較大進步，周紹良、趙超、程章燦等人是其中傑出代表。前人在墓誌的釋讀、整理、書法藝術等方面取得了輝煌的研究成果，為我們後人繼續深入研究奠定了堅實基礎。通過對前人研究成果的梳理，不但能使我們瞭解到這一研究領域的基本情況，還為接下來的研究提供研究理路。

一　關於墓誌的整體性研究

墓誌記載了死者姓名、家族、生平、死葬等訊息，大多銘刻石上，藏於墓穴之中，並具備一定的功用與形制。墓誌最初的目的便是用來標識墓地，在長期的發展中又受禮儀制度、宗教、風俗的影響，因而具有豐富的歷史、文化及藝術等歷史訊息，是補闕考訂傳世文獻的重要實物。由於墓誌具備多重的歷史價值，弄清其起源和發展脈絡是重要議題之一。但迄今為止，學界對墓誌的起源還未形成一致意

見，隨著考古發掘中銘刻材料的增多和研究的深入，學界對墓誌起源的研究有了進一步認識。

　　趙超在〈墓誌溯源〉[2]一文中，將前人對墓誌起源的觀點概括為四種：西漢說、東漢說、魏晉說和南朝說。在他後來的著述中，又加上了秦代說。[3]朱智武在此基礎上吸收其他學者意見總結為七種說法，新增了周漢說與戰國說。[4]這一問題之所以難以形成一個學界普遍認可的結論，主要有以下兩個原因：一是由於墓誌具有文字和形制兩方面的屬性，使得對墓誌的闡發天然具有多重角度，從不同角度來追根溯源自然各不相同，且關於墓誌的概念混亂，無法清晰界定誌墓與墓誌的區別；二是新的銘刻材料不斷出土，學界對墓誌這一文體的特性認識不斷豐富，新的論斷時有出現。從文物考古方面來談的代表人物有趙超、賴非。趙超認為，墓誌必須具備以下三要素：「埋設在墓葬中，專門起到標誌墓主的作用；有相對固定的外形形制；有較為固定的銘文文體。」[5]據此他認為秦漢特別是東漢時期為墓誌的濫觴期。賴非認為「墓誌受誌墓風氣的影響而生，起源較早，秦代刑徒瓦誌文已經具備了後世墓誌必有的基本內容，而其內容、格式的完善，則在西元二世紀中葉。」[6]他還關注到墓誌的內容格式與形制發展存在差異性，提出以內容為主，形制為輔的思路來考察墓誌的起源。[7]從文體的方面來論述的主要有程章燦、孟國棟。程章燦認為，「作為有一定行文格式的墓誌，是一種起于江左的文體，其出現時間應在晉

2　趙超：〈墓誌溯源〉，《文史》第21輯（北京：中華書局，1983年）。

3　趙超：《古代石刻》（北京：文物出版社，2001年）；《古代墓誌通論》（北京：紫禁城出版社，2003年）。

4　朱智武：〈中國古代墓誌起源新論——兼評諸種舊說〉，《安徽史學》2008年第3期。

5　趙超：《古代墓誌通論》（北京：紫禁城出版社，2003年），頁34。

6　賴非：《齊魯碑刻墓誌研究》（濟南：齊魯書社，2004年），頁201。

7　賴非：〈有關墓誌起源問題的辨析〉，《中國書法》2001年第10期。

宋之際。」[8]孟國棟更具體指出了墓誌起源,「作為實物的墓誌起源于東漢中後期,刻于元嘉元年(151年)的《繆宇墓誌》可以看作墓誌起源的標誌。」[9]

綜上所述,墓誌的產生和定型經過了漫長的發展歷程,周代的銘旌、秦代的刑徒墓瓦文皆是墓誌出現以前用來誌墓之物,東漢和魏晉時期,《謝琰墓誌》、《高彥墓誌》、《繆宇墓誌》或從形制或從文體上向墓誌前進了一大步,到南北朝時期,墓誌才真正從形制和文體上成熟定型。從關於墓誌起源問題的探討中,對於墓誌相較於墓碑、刑徒誌等其他誌墓用品的特質被勾畫出來。魏晉南北朝墓誌從形制和文體上逐步定型,唐代墓誌在此基礎上進一步發展,成為一種喪葬禮俗並被廣泛使用。

至遲南北朝時期墓誌便已形成,但真正意義上的收藏與研究還要等到宋代金石學興起之後。中唐以後疑古惑經思潮開始發端,這一思想影響了北宋時期的文人,他們希望通過金石文物直接繼承先秦諸子的思想,對金石文物的研究促使了金石學的產生。歐陽修的《集古錄》首開其端,趙明誠《金石錄》,洪適《隸釋》、《隸續》繼之,是宋代金石學的代表作。《集古錄》大部分內容已經亡佚,僅存《跋尾》十卷,其中墓誌較少,但跋尾這種體例對後世金石學著述的體例產生了深遠影響,跋尾包括對器物文字的考訂、年代和真偽、價值和特點的評述;《金石錄》無論是收錄的豐富性與考證方面都有了不小的進步,收錄墓誌便有一〇七件,除了利用正史考證,《金石錄》還利用金石文獻進行考證。趙明誠對金石文物的研究價值有一段非常經典的論述,墓誌作為金石材料的一種同樣適用,在《金石錄》序言

8　程章燦:〈墓誌文體起源新論〉,《學術研究》2005年第6期。

9　孟國棟:〈墓誌的起源與墓誌文體的成立〉,《浙江大學學報》(人文社會科學版)2013年第5期。

中：「《詩》《書》以後，君臣行事之跡悉載史，雖是非褒貶出于秉筆者私意，或失其實；然至于善惡大跡，有不可誣，而又傳說既久，理當依據。若夫歲月、地理、官爵、世次，以金石刻考之，其牴牾十常三四。蓋史牒出于後人之手，不能無失，而刻辭當時所立，可信不疑。」[10]對於墓誌一類的金石材料，趙明誠在此指出兩層含義：一是金石材料在歷史研究中的價值，在於考證一些具體史實，如時間、地理、官爵、世次等，它的準確性是傳世文獻不可比擬的；二是指出墓誌等金石材料也是有其局限性的，諸如一些大是大非或涉及重大歷史問題的評價，仍要以史書為準。可以說，趙氏將史書與墓誌的關係精準地闡述出來了。

　　從宋至明代，雖然墓誌已經進入文人的研究視野，但更加注重豐碑的整理研究，加上墓誌數量較少，因而未得重視。元代陶宗儀的《古刻叢鈔》收錄墓誌三十七件；都穆的《金薤琳琅》僅收錄墓誌三件並附有考證。元代潘昂霄的《金石例》創新了墓誌著作，從文體的角度介紹了墓誌發展情況，並對墓誌起源作了探討。明人王行的《墓銘舉例》以唐宋以來著名文學家撰寫的二百多篇墓誌銘為對象，與《金石例》類似，都是從文體方面進行論述，因而四庫館臣認為其書「以補元潘昂霄《金石例》之遺。」[11]綜上，這一時期關於墓誌的著述質量較低，在考證和體例上還存在不少缺陷，這主要與當時文人學者對墓誌缺乏重視導致的。

　　這一情況直到清初才有所改觀，清代考據風氣的大盛使得對墓誌的研究更為興盛，顧炎武、朱彝尊以碑誌來明經證史，開創了清代墓誌研究的先河。顧炎武《金石文字記》中「抉剔史傳，發揮經典，頗

---

10 〔宋〕趙明誠：《金石錄》（文淵閣《四庫全書》版）。

11 〔清〕紀昀：《四庫全書總目提要》（鄭州：河北人民出版社，2000年），卷一九六，頁5399。

歐、趙二錄所未具者。」[12]顧氏以其淵博學識，考證詳實，論述有據，開樸學之先，為之後的研究者開創了新的研究路數。清代學者考據水平較高，學風嚴謹，考證方面成就很高。朱彝尊的《曝書亭金石文字跋尾》中，將「叢祠荒冢、破爐殘碣之文，莫不搜剔考證，與史傳參校同異」，[13]考證詳實精準。錢大昕的《潛研堂金石文跋尾》，雖並未收錄墓誌，但於金石考證多有發明，其書以證史為主，充分利用樸學素養考釋闡發，成就突出。關於文字義例方面，有梁玉繩《志銘廣例》，其書體例與《金石例》相仿，在以墓誌文為主的論述中，他意識到了墓誌文體與碑文、表文的關係，注意援引它們來論證說明。李富孫的《漢魏南北朝墓銘纂例》，其書從文體上對魏晉南北朝墓誌文進行了分析論述，並吸收了諸多清代考據大家如顧炎武、全祖望、錢大昕等人的成果。關於墓誌的資料彙編，其集大成者是王昶的《金石萃編》，其書中收錄金石材料達一千五百多種，並建立了一套金石學彙編體例，後來陸增祥的《八瓊室金石補正》便是繼承王書的體例所著。直至清末一部總結碑刻的通論性著述問世，它就是葉昌熾的《語石》，其書將歷代碑刻研究分為六類：一為存目，代表作為孫星衍《寰宇訪碑錄》；二為錄文性著述，代表作有洪適《隸釋》、王旭《金石萃編》；三為跋尾，以北宋歐陽修《集古錄跋尾》首開其風，錢大昕《潛研堂金石文跋尾》最具代表性；四為分代，即以某一時期的碑刻為研究對象的，翁方綱《兩漢金石記》首創其例；五為分人，以《寶可類編》為例；六為分地，以某一地區的碑刻為對象，如畢沅《山左金石誌》等。

從清末開始，中國社會迎來了前所未有的大動盪、大變革時期，

---

12 〔清〕永瑢：《欽定四庫全書》（文淵閣《四庫全書》版），史部十四，《金石文字記》原序。

13 趙爾巽等：《清史稿》（北京：中華書局，1993年），頁10495。

新的研究方法和技術手段傳入中國，激蕩著傳統的金石學向新的方向發展。這一時期的墓誌研究主要有以下兩個特點，一是新材料的出土和整理急劇增長，因而大型目錄及彙編屢有問世；二是新的學術方法加以運用，如與考古學知識的結合，研究旨趣也由單一的補正史書向與學術熱點結合，在邊疆史地、民族關係、中外交通等熱點問題上，新出土的墓誌都引發了學者大規模的討論。

王國維將考古學、歷史學的方法與傳統金石研究方法結合，他的《魏石經考》，對曹魏時期的石經的刻制經過、數量、經文內容、流傳情況等進行了深入細緻的考證，是綜合研究石刻的重要著述。他關切邊疆地區的石刻情況，以此來闡述中國的疆域變化和民族變遷問題，《魏毌丘儉丸都山紀功刻石跋》、《九姓回鶻可汗碑跋》都是這方面的著述。

趙萬里《漢魏南北朝墓誌集釋》[14]是近代對漢魏南北朝墓誌拓本整理考證的集大成之作，其中收錄拓本共六○九通，對每通墓誌拓本的尺寸、書體、原石出土流傳情況都有考證著錄，成為研究魏晉南北朝歷史的基本史料。

嚴耕望運用墓誌資料進行了專題性、綜合性研究，在他的《唐僕尚丞郎表》[15]和《魏晉南北朝地方行政制度》[16]中便廣泛利用墓誌材料。敦化出土的渤海貞惠公主墓誌引起了學者的討論與研究，閆萬章的〈渤海〈貞惠公主墓碑〉的研究〉、金毓黻〈關於「渤海貞惠公主墓碑研究」的補充〉[17]將渤海國的歷史納入了研究視野，之後羅繼祖、

---

14 趙萬里：《漢魏南北朝墓誌集釋》（北京：科學出版社，1956年）。

15 嚴耕望：《唐僕尚丞郎表》（臺北：中央研究院歷史語言研究所，1956年）。

16 嚴耕望：《魏晉南北朝地方行政制度》（臺北：中央研究院歷史語言研究所，1963年）。

17 均發表於《考古學報》1956年第2期。

李鴻賓等人對渤海國史又作進一步深入探討。由南京出土東晉王興之、謝鯤墓誌書法，引發了郭沫若、龍潛、啟功、于碩、阿英、甄予、徐森玉、趙萬里、史樹青等眾多學者關於蘭亭序真偽的討論。[18]隨後羅宗真〈略論江蘇地區出土六朝墓誌〉[19]一文，通過對當時所見墓誌的梳理和考證，認為《蘭亭集序》是真品，並對六朝墓誌的書法藝術價值加以挖掘。此外，金毓黻〈遼國駙馬贈衛國王墓誌銘考證〉[20]、羅繼祖〈關於新出土的三方遼墓誌的考證〉[21]、朱子方〈遼代耿氏三墓誌考釋〉[22]、武伯綸〈唐永泰公主墓誌銘〉[23]、金維諾〈晚唐畫家程修己墓誌〉[24]等，對墓誌所反映的歷史、文化、社會等問題從多角度進行了探討。

上世紀八〇年代後，有關墓誌的研究進入了一個新的發展時期，這與學術研究的突飛猛進和新的墓誌材料不斷出土有密切關係，關於新出土墓誌的整理上一節已有詳述，關於墓誌研究的進展具體表現在：一是關於墓誌通論著作增多，學者逐漸由單一墓誌研究向探討墓誌整體性特徵轉變，如趙超先生《中國古代石刻概論》[25]；二是研究中探討的問題深度和廣度都大大擴展，從文字學、社會史、歷史文獻學、歷史地理、文學藝術等方面推進墓誌研究。

關於墓誌綜合性、整體性的研究日益增多，反映出我們對墓誌材料由單一走向整體，由僅僅作為史料的研究不斷逐漸轉向關注墓誌自

---

18 參見《文物》1965年第8-12期。

19 羅宗真：〈略論江蘇地區出土六朝墓誌〉，《南京博物院集刊》1980年第2期。

20 金毓黻：〈遼國駙馬贈衛國王墓誌銘考證〉，《考古學報》1956年第3期。

21 羅繼祖：〈關於新出土的三方遼墓誌的考證〉，《考古》1963年第1期。

22 朱子方：〈遼代耿氏三墓誌考釋〉，《遼寧師院學報》1978年第3期。

23 武伯綸：〈唐永泰公主墓誌銘〉，《文物》1963年第1期。

24 金維諾：〈晚唐畫家程修己墓誌〉，《文物》1963年第4期。

25 趙超：《中國古代石刻概論》（北京：文物出版社，1997年）。

身多方面價值。趙超《中國古代石刻概論》[26]，將古代石刻的類型及其演變作出分類總結，並將石刻銘文的釋讀、鑒定等問題作出論述，是一部全面系統梳理中國古代石刻的基礎性著作。之後他的《古代墓誌通論》，以墓誌為研究對象，將墓誌的起源及歷代的出土情況、研究現狀、主要特點概括提煉出來，是研究古代墓誌的重要著作。王宏理的《誌墓金石源流》，[27]對有關標誌墓葬的各種石刻銘文作了細緻的梳理和介紹，對釐清墓誌起源問題具有重要意義。楊柳在《為誰而寫？墓誌文體的書寫文體考察》[28]一文中，以北墓誌為中心，認為墓誌存在為逝者寫和為生者書寫兩種形態，還包括自我書寫、當下書寫和未來書寫，因而墓誌在書寫內容和方式上是多重和複雜的。對一個地區的墓誌進行綜合考察的研究也有很多。李獻奇在《洛陽新發現唐誌叢識》[29]一文中，收錄了洛陽九〇年代末徵集和發掘出土的二十五方墓誌，並與傳世文獻對照，補缺糾誤。吳煒在《揚州唐、五代墓誌概述》[30]一文中，對揚州地區出土的歷代墓誌情況進行了梳理，並對墓主的基本情況、撰文者的身分、葬地等情況進行了考釋。陳安利、馬驥在〈西安新出唐誌考釋〉[31]一文中，對李盈墓誌、趙群墓誌、崔氏墓誌、康王李汶墓誌進行了整理與考證。王放的博士學位論文《千唐誌齋藏唐代墓誌研究》，[32]對千唐誌齋館藏唐代墓誌的分類、撰文、書丹、刊刻者、字體、書法風格進行了系統梳理與研究，便於學者瞭解千唐誌齋的具體館藏情況。

---

26 趙超：《中國古代石刻概論》（北京：文物出版社，1997年）。

27 王宏理：《誌墓金石源流》（北京：中國文史出版社，2002年）。

28 楊柳：〈為誰而寫？墓誌文體的書寫文體考察〉，《重慶師範大學學報》（社會科學版）2019年第4期。

29 李獻奇：〈李獻奇：《洛陽新發現唐誌叢識》〉，《中原文物》1996年第2期。

30 吳煒：〈揚州唐五代墓誌概述〉，《東南文化》1995年第4期。

31 陳安利、馬驥：〈西安新出唐誌考釋〉，《文博》1987年第5期。

32 王放：《千唐誌齋藏唐代墓誌研究》（南京：南京藝術學院博士學位論文，2018年）。

二 隋唐墓誌的整理著錄

　　隋唐墓誌在整個墓誌數量中占有相當大的比重，關於隋唐墓誌的整理學者已有豐碩的成果。羅振玉參與了二十世紀初一些重大文物發現的探討，如敦煌卷子、甲骨文、歷代墓誌等。他具有深厚的小學功底，對各種考古資料都有深入研究。關於墓誌研究，他整理出版了一系列重要著述：《六朝墓誌菁英》、《三韓冢墓遺文》、《邙洛冢墓遺文》、《東都冢墓遺文》、《鄴下冢墓遺文》、《襄陽冢墓遺文》、《山左冢墓遺文》、《廣陵冢墓遺文》等。另外，由他纂集、其子羅福頤整理的《墓誌徵存目錄》，著錄作者所見墓誌達三千九百多通，其中絕大部分為隋唐時期的墓誌。一些著名的收藏家紛紛將自己接觸到的墓誌公之於世，如于右任《鴛鴦七志齋藏石目錄》、張鈁《千唐誌齋藏志》、郭玉堂《洛陽出土石刻時地記》、李根源《雲南金石目略初稿》等。其中郭玉堂的《洛陽出土石刻時地記》，將其瞭解到的出土石刻情況一一記錄，對於考古研究頗有價值。這本書在二〇〇五年重新整理出版，將四千餘方墓誌及其出土情況加以整理補充，它們都是郭玉堂經手過的。[33]

　　民國時期北平圖書館對館藏唐代墓誌發表了兩次目錄。分別是一九二五年范騰端編輯的《館藏李唐墓誌目》，收錄唐代墓誌一三二二種；一九四一年范騰端整理出版《國立北平圖書館藏碑目（墓誌類）》，這是在前者的基礎上，補充了歷代墓誌，新增共三四八一種。[34]

　　錄入誌文並加以考訂的著述也非常豐富。端方的《匋齋藏石記》收錄隋唐墓誌達一八九方，對墓誌進行錄文並加以考證。[35]汪鋆《十

---

33 郭玉堂：《洛陽出土石刻時地記》（鄭州：大象出版社，2005年）。
34 徐自強：《北京圖書館藏墓誌拓本目錄》〈序〉（北京：中華書局，1990年），頁1。
35 新文豐出版社：《石刻史料新編》（臺北：新文豐出版公司，1982年），第1輯第11冊，頁7978-7987。

二硯齋金石過眼錄》，對碑誌的錄文、書體、尺寸均有記載，其中唐墓誌便有四十二方。[36]

　　新中國成立後，考古發掘被納入科學發展道路，新出土的墓誌材料大多通過正規考古發掘得到，具有豐富完整清晰的背景訊息。對於墓誌的發現整理也促進了對研究的長足進步，從墓誌本身的研究，到墓誌背後反映的家庭、社會關係等，形成了從圖錄、發掘報告、專題性研究到綜合性研究多層次、多角度的研究生態。以往墓誌著錄又存在由於當時條件及認知所限，或是使用起來不夠便捷，或是內容不夠全面，因此整理出版墓誌材料成為當時諸多學者工作之重。

　　關於墓誌的目錄整理學者們頗多建樹。毛漢光的《歷代墓誌銘拓本目錄》，[37]收錄了傅斯年圖書館藏拓本，其時間自西晉到一九七九年止，是目前收錄墓誌年代最長的目錄。徐自強、王翼文、冀亞平《北京圖書館藏墓誌拓本目錄》，[38]收錄了北大圖書館藏墓誌拓本四六三八方，是目前墓誌收藏數量最多的目錄著作。榮麗華、王世民《1949-1989四十年出土墓誌目錄》，[39]收錄了新中國四十年以來各地出土的歷代墓誌，每方墓誌均注明年月、字數、撰書人、出土情況，共收錄新出墓誌一六四六方，是目前收錄新出墓誌較全的一部目錄。日本學者氣賀澤保規《唐代墓誌所在總合目錄》，[40]集錄了五八二六方墓誌和墓蓋，按時間順序排列並注明出處，方便學者利用。

36 新文豐出版社：《石刻史料新編》（臺北：新文豐出版公司，1982年），第1輯第10冊，頁7790。

37 毛漢光：《歷代墓誌銘拓本目錄》（臺北：中央研究院歷史語言研究所，1985年）。

38 徐自強、王翼文、冀亞平：《北京圖書館藏墓誌拓本目錄》（北京：中華書局，1990年）。

39 榮麗華、王世民：《1949-1989四十年出土墓誌目錄》（北京：中華書局，1993年）。

40 〔日〕氣賀澤保規：《唐代墓誌所在總合目錄》（東京：汲古書院，1997年）。

關於墓誌的圖錄著述，主要有《千唐誌齋藏志》[41]、《曲石精廬藏唐誌》[42]、《北京圖書館藏中國歷代石刻拓本彙編》[43]、《隋唐五代墓誌彙編》[44]、《邙洛碑誌三百種》[45]。千唐誌齋作為我國收藏唐誌最多的專題博物館，其中藏有一千餘方唐代墓誌，《千唐誌齋藏誌》更是收錄了一二〇九件墓誌拓本，為研究唐代的墓誌及當時的政治與文化提供了寶貴資料。《曲石精廬藏唐誌》共有九十三方，其中王之渙墓誌更是補正了這位著名邊塞詩人的生平，具有重要的史學價值。《北京圖書館藏中國歷代石刻拓本彙編》收集了兩萬多種拓本，規模巨大，其中第九～三十五冊為隋唐部分，可見其收錄數量之多。《隋唐五代墓誌彙編》共收錄隋唐五代墓誌五千餘件，按地域分為《洛陽卷》、《河南卷》、《陝西卷》等，將絕大多數現存隋唐五代墓誌收錄其中，其書以圖版為主，誌文清晰，具有較高的使用價值。《邙洛碑誌三百種》一書中，收錄了唐誌二三四方，占全書八成的篇幅，不但為我們提供了不少有價值的史料，還包括每方墓誌的概況、出土及流傳情況，便於學者參考利用。

關於墓誌的釋文本頗多。陳柏泉《江西出土墓誌選編》[46]收錄的墓誌，均為五〇年代後新出土二二〇方墓誌。周紹良、趙超主編的《唐代墓誌彙編》[47]（上下冊），共收唐代墓誌三六〇七件，該書以時

---

41 河南省文物研究所、河南省洛陽地區文物處：《千唐誌齋藏誌》（北京：文物出版社，1984年）。

42 李希泌：《曲石精廬藏唐誌》（濟南：齊魯書社，1986年）。

43 北京圖書館金石組：《北京圖書館藏中國歷代石刻拓本彙編》（鄭州：中州古籍出版社，1989、1990、1991年）。

44 王仁波：《隋唐五代墓誌彙編》（天津：天津古籍出版社，1991、1992年）。

45 趙軍平：《邙洛碑志三百種》（北京：中華書局，2004年）。

46 陳柏泉：《江西出土墓誌選編》（南昌：江西教育出版社，1991年）。

47 周紹良、趙超：《唐代墓誌彙編》（上海：上海古籍出版社，1992年）。

間為序，依次著錄誌蓋、誌文、藏本訊息等，收錄一九八四年以前出
土唐代墓誌，是研究唐代墓誌重要的著述。其後周紹良、趙超先生又
主編《唐代墓誌彙編續集》，[48]在前著基礎上又收錄一五六四件墓誌。
羅新、葉煒《新出魏晉南北朝墓誌疏證》，[49]其錄墓誌皆為趙萬里、趙
超二書所未錄的，並附有考釋。《洛陽新出墓誌釋錄》，[50]它將二千年
以來洛陽地區新出的四十八方墓誌錄入進去。體例完備，考證詳盡。
王其禕、周曉薇《隋代墓誌銘彙考》，[51]周阿根《五代墓誌彙考》，[52]
皆是在彙編了詳細資料基礎上，做了進一步深入研究和考證。

　　聚焦於某一地區的墓誌材料並加以彙集整理的成果也有很多，主
要集中於西安、洛陽兩地。西安地區墓誌材料非常豐富，胡戟、榮新
江《大唐西市博物館藏墓誌》[53]一書，經多方專家反覆遴選墓誌共計
五百多方，其中絕大部分是隋唐墓誌，具有較高的歷史價值和學術價
值。高峽等著《西安碑林全集》，[54]其中便有墓誌專冊，按時代先後將
所藏墓誌基本訊息整理出來。洛陽也是出土墓誌的寶庫，因而有關洛
陽出土墓誌的著錄非常豐富。《洛陽出土北魏墓誌選編》、《洛陽出土
歷代墓誌輯繩》、《洛陽新獲墓誌》、《洛陽新獲墓誌續編》、《洛陽新出
墓誌釋錄》、《河洛墓刻拾零》等，皆是以墓誌拓本為主，其中有些墓
誌還需要進一步辨偽。其他地區亦有相關著錄出版，《河北金石輯
錄》、《江西出土墓誌選編》、《河東出土墓誌》皆為此類，它們對保存
一個地區的墓誌材料具有積極意義。

---

48 周紹良、趙超：《唐代墓誌彙編續集》（上海：上海古籍出版社，2001年）。
49 羅新、葉煒：《新出魏晉南北朝墓誌疏證》（北京：中華書局，2005年）。
50 楊作龍等：《洛陽新出墓誌釋錄》（北京：北京圖書館出版社，2004年）。
51 王其禕、周曉薇：《隋代墓誌銘彙考》（北京：線裝書局，2007年）。
52 周阿根：《五代墓誌彙考》（黃山：黃山書社，2012年）。
53 胡戟、榮新江：《大唐西市博物館藏墓誌》（北京：北京大學出版社，2012年）。
54 高峽：《西安碑林全集》（廣州：廣東經濟出版社、深圳：海天出版社，1999年）。

三　隋唐墓誌的專題研究

　　通過墓誌補充正史中所缺訊息，有助於我們考訂出真實的歷史。程章燦先生在〈唐代墓誌叢考〉[55]一文中，對《隋唐五代墓誌彙編·洛陽卷》中的十方墓誌進行了考釋，並為《劉致柔墓誌》撰寫了跋語，其考證詳實，糾正了多種誤讀。趙振華在〈唐阿史那感德墓誌考釋〉[56]一文中，指出該墓誌是可汗級突厥貴族的「漢化」的典型，可以補充正史記載。羅火金、劉剛州在〈隋代司馬融墓誌考〉[57]一文中，從墓誌中論述了其部分世系和個人在西魏、北周和隋代的仕宦經歷，為瞭解這一時期的司馬家族歷史增添了實物資料。

　　通過墓誌對城市情況進行探討也是學術熱點之一。陳久恆的〈唐東都洛陽城坊里之考證——從唐代墓誌看東都坊里名稱及數目〉，[58]利用唐代墓誌中記載的洛陽里坊名稱，找出了之前未被記載的七個城坊。趙超在〈唐代洛陽城坊補考〉[59]中，亦考證出之前未被記載的坊里，並指出唐代洛陽的城坊數可能超過一一三個。楊鴻年在《隋唐兩京坊里譜》[60]一書中，利用墓誌等多種材料，對宋敏求《長安志》和《兩京城坊考》進行考訂補充。趙振華的〈唐代洛陽鄉里方位初探〉[61]一文中，結合墓誌和有關歷史地理資料，詳細分析了唐代河南縣和洛陽縣鄉里的具體方位。楊希義、陳忠凱在〈唐代墓誌中所載的長安坊

55 程章燦：〈唐代墓誌叢考〉，《古籍整理研究學刊》1995年第4期。

56 趙振華：〈唐阿史那感德墓誌考釋〉，《史林》2004年第5期。

57 羅火金、劉剛州：〈隋代司馬融墓誌考〉，《中原文物》2009年第3期。

58 陳久恆：〈唐東都洛陽城坊里之考證——從唐代墓誌看東都坊里名稱及數目〉，《中國考古學會第五次年會論文集》（北京：文物出版社，1988年）。

59 趙超：〈唐代洛陽城坊補考〉，《考古》1987年第9期。

60 楊鴻年：《隋唐兩京坊里譜》（上海：上海古籍出版社，1999年）。

61 趙振華：〈唐代洛陽鄉里方位初探〉，《洛陽古代銘刻文獻研究》（西安：三秦出版社，2009年）。

里》[62]一文中，通過收集墓誌中關於長安坊里和住宅的資料，對《長安志》和《唐兩京城坊考》進行了補正。孫繼民、郝良真〈從新出墓誌看唐代邯鄲歷史地理的幾個問題〉，[63]考證了邯鄲西部諸山水的名稱和方位、洪波台的位置、邯鄲的兩個村名等歷史地理問題，肯定了墓誌的研究價值。劉連香在〈唐開承簡墓誌考釋——兼論唐代蜀中特殊地位〉[64]一文中，從洛陽出入的唐代開承簡墓誌中，分析出墓主與當時蜀中著名人物如李宏、郭振、薛稷等人皆有交游，由此指出蜀中地區在唐中後期的重要地位。

　　新出土墓誌的出現為墓誌研究注入新的活力，因而一直是學者們重點關注的對象。例如，盧兆蔭在〈何文哲墓誌考釋——兼談隋唐時期中國的中亞何國人〉[65]一文中，對何文哲墓誌的重要價值加以肯定，他是已發現的墓誌中，唯一有明確記載其為何國質子的後代，同時參與了德宗至文宗六朝的一些重要政治事件，並指出昭武九姓的後裔仍然保留相互聯姻的習俗。李鴻賓在〈論唐代宮廷內外的胡人侍衛——從何文哲墓誌銘談起〉[66]一文中，結合傳世文獻中記載的有關政治軍事記載，分析出胡人侍衛在內廷中一直占有相當比例，其原因則是唐代胡漢關係注重文化差異，種族觀念反而淡漠，因而胡人侍衛受到重用屬於正常現象。西北大學新藏的唐代日本人井真成墓誌，引發了學

62 楊希義、陳忠凱：〈唐代墓誌中所載的長安坊里〉，《文博》1988年第5期。

63 孫繼民、郝良真：〈從新出墓誌看唐代邯鄲歷史地理的幾個問題〉，《文物春秋》1996年第1期。

64 劉連香：〈唐開承簡墓誌考釋——兼論唐代蜀中特殊地位〉，《四川文物》2003年第1期。

65 盧兆蔭：〈何文哲墓誌考釋——兼談隋唐時期中國的中亞何國人〉，《考古》1986年第9期。

66 李鴻賓：〈論唐代宮廷內外的胡人侍衛——從何文哲墓誌銘談起〉，《中央民族大學學報》1996年第6期。

者的關注。賈麥明在〈新發現的唐日本人井真成墓誌及初步研究〉[67]一文中，通過對墓誌銘文的研究，發現日本國名第一次出現在石質文物上，也是中國目前發現的唯一一塊唐代遣唐使墓誌。王建新在〈西北大學博物館收藏唐代日本留學生墓誌考釋〉[68]一文中，對該墓誌內容進行了釋讀和考證，對墓主的姓名、留學中國的時間、所授官職等問題進行了研究。榮新江在〈從井真成墓誌看唐朝對日本遣唐使的禮遇〉[69]一文中，認為井真成可能是以請益僧的身分於開元二十一年入唐成為遣唐使，他的姓或許是「葛井」氏。張天虹在〈從新刊唐代《李仲昌墓誌銘》看安史之亂後士人「北走河朔」〉[70]一文中，從這篇新出土墓誌中進一步論述了安史之亂後士人「北走河朔」的問題，中晚唐河朔藩鎮的內外鬥爭，使得士人北走河朔之後往往面臨更多的挑戰，李仲昌從墓誌中反映出的死因之謎正是這種變動的一個寫照。

　　墓誌的研究往往會與其背後的世系及家族關係結合起來。關於北魏楊氏家族墓誌的研究，學者梳理出了其家族世系：較早的有杜葆仁、夏振英的〈華陰潼關出土的北魏楊氏墓誌考證〉，[71]隨後有王慶衛、王煊〈隋代華陰楊氏考述——以墓誌銘為中心〉，[72]王連龍〈新見

---

67 賈麥明：〈新發現的唐日本人井真成墓誌及初步研究〉，《西北大學學報》（哲學社會科學版）2004年第6期。

68 王建新：〈西北大學博物館收藏唐代日本留學生墓誌考釋〉，《西北大學學報》（哲學社會科學版）2004年第6期。

69 榮新江：〈從井真成墓誌看唐朝對日本遣唐使的禮遇〉，《西北大學學報》（哲學社會科學版）2004年第6期。

70 張天虹：〈從新刊唐代《李仲昌墓誌銘》看安史之亂後士人「北走河朔」〉，《河北大學學報》（哲學社會科學版）2011年第3期。

71 杜葆仁、夏振英：〈華陰潼關出土的北魏楊氏墓誌考證〉，《考古與文物》1984年第5期。

72 王慶衛、王煊：〈隋代華陰楊氏考述——以墓誌銘為中心〉，載《碑林集刊》第11輯（西安：陝西人民美術出版社，2005年）。

北魏《楊恩墓誌》與華陰楊氏譜系補正〉[73]一文，對《楊恩墓誌》及華陰楊氏譜系進行了考證，在前人基礎上，得出了北朝華陰楊氏越公房譜系。姜波〈豆盧氏世系及其漢化——以墓碑、墓誌為線索〉[74]一文中，通過對墓碑、墓誌的綜合性研究，將豆盧氏這一鮮卑望族在北朝至隋唐時期的漢化過程以及這一時期選舉制度中的問題一一展現出來，從家族變遷的角度展現政治生活的深層次變化。王志高、王啟斌在〈江蘇南京市出土的唐代琅琊王氏家族墓誌〉[75]一文中，對一九九〇年在南京出土的一塊唐代墓誌加以考釋，對墓主的生平和家族史料加以分析，並關注到了墓誌中有關南京地區的地方材料。牛時兵在〈新出杜伏威墓誌考論〉[76]一文中，從誌文中考證出杜伏威是被高祖賜死的，但史書出於現實政治考量，對此進行了刻意掩蓋。到貞觀初太宗為其平反並製作墓誌來看，這種平反也是非常有限的，反映出唐初對歸降勢力的戒備。

　　從墓誌中還能反映出政治、軍事、社會觀念的變遷等重要議題。劉連香在〈唐中宗、睿宗駙馬裴巽墓誌考略〉[77]一文中，對這位兩次尚主的駙馬進行了考釋，從墓誌中記載他與兩位公主的婚姻狀況，側面反映了帝王之家在皇位更迭之際擇偶標準，對於瞭解當時婚姻制度及其社會政治關係具有重要意義。劉禮堂在〈從《唐代墓誌彙編》窺探唐代安史之亂後北人的南遷〉[78]一文中，通過對《唐代墓誌彙編》

---

73 王連龍：〈新見北魏《楊恩墓誌》與華陰楊氏譜系補正〉，《社會科學戰線》2012年第10期。

74 姜波：〈豆盧氏世系及其漢化——以墓碑、墓誌為線索〉，《考古學報》2002年第3期。

75 王志高、王啟斌：〈江蘇南京市出土的唐代琅琊王氏家族墓誌〉，《考古》2002年第5期。

76 牛時兵：〈新出杜伏威墓誌考論〉，《史學史研究》2018年第4期。

77 劉連香：〈唐中宗、睿宗駙馬裴巽墓誌考略〉，《洛陽師範學院學報》2004年第3期。

78 劉禮堂：〈從《唐代墓誌彙編》窺探唐代安史之亂後北人的南遷〉，《江漢考古》2001年第4期。

中資料的分析，得出安史之亂後人口由黃河流域向江西、劍南、荊南、嶺南地區遷徙的重要結論。江波在其博士學位論文《唐代墓誌撰書人及相關文化問題研究》[79]中，對唐代墓誌撰書人情況做了系統梳理分為制度性撰文、親屬撰文、非親請托撰文三類，並對與之相關的唐代喪葬觀念、墓誌銘功用等問題進行了探討，彌補了相關研究的空白。路學軍在〈隋唐之際山東士族的經學轉向與家風堅守——以崔暟墓誌為中心〉[80]一文中，從墓誌中分析了山東士族崔姓在隋唐之際的經學變化，指出除了堅守家學之外，還學習了當時主流經學代表人物陸德明、孔穎達的學說，體現出山東士族在逐漸適應新的社會環境。

墓誌還對研究少數民族及民族關係方面具有重要價值。杜林淵在〈從出土墓誌談唐與吐谷渾的和親關係〉[81]一文中，從出土的吐谷渾王族墓誌入手，對這支在史書中記載不多的民族在七～八世紀的歷史加以補充說明，尤其為唐王朝與吐谷渾的關係提供了材料。林梅村在〈從考古發現看隋末唐初于闐與中原的關係——大唐毗沙郡將軍葉和墓表考證〉[82]中，對葉和墓表的出土地、出土時間作了考證，並指出早在貞觀十年（西元636年）唐朝已載於闐設毗沙郡。賀梓城〈唐王朝與邊疆民族和鄰國的友好關係——唐墓誌銘札記之一〉[83]一文，對陝西出土的幾塊反映初唐民族活動情況的墓誌加以整理研究，對其中涉及國內外交通和民族融合方面內容加以挖掘，包括突厥族、薛延

79 江波：《唐代墓誌撰書人及相關文化問題研究》（長春：吉林大學博士學位論文，2010年）。

80 路學軍：〈隋唐之際山東士族的經學轉向與家風堅守——以崔暟墓誌為中心〉，《唐都學刊》2011年第2期。

81 杜林淵：〈從出土墓誌談唐與吐谷渾的和親關係〉，《考古》2002年第8期。

82 林梅村：〈從考古發現看隋末唐初于闐與中原的關係——大唐毗沙郡將軍葉和墓表考證〉，《西域研究》1999年第2期。

83 賀梓城：〈唐王朝與邊疆民族和鄰國的友好關係——唐墓誌銘札記之一〉，《文博》1984年第1期。

陀、靺鞨等少數民族，高麗、安國、米國、波斯等國家與唐王朝的往
來。李龍彬、樊聖英、李宇峰的〈遼代平原公主墓誌考釋〉[84]一文，
通過對墓誌的考釋，指出平原公主應為聖宗長女，對駙馬蕭忠的先祖
及家世進行考證，將在史書中湮滅的這一支外戚家族世系得以理順，
對研究遼代外戚史具有重要意義。蓋之庸〈近年慶陵出土遼代墓誌補
證〉[85]一文中，對遼慶陵發現的道宗弟弘本、弘世墓中出土的漢字誌
文進行考釋，以皇太叔祖哀冊、皇太叔祖妃蕭氏墓誌、皇弟秦越國
王、皇弟秦越國妃蕭氏墓誌為中心，對遼代的喪葬制度、歷史事件等
方面皆有闡發。劉連香在〈東魏齊獻武高王閭夫人茹茹公主墓誌考
釋〉[86]一文中，通過對該墓誌的考察，揭示了其在瞭解北朝與柔然關
係、北齊高氏集團的發展等方面具有重要意義。濮仲遠在〈唐代慕容
曦輪墓誌考釋〉[87]一文中，認為該墓誌填補了吐谷渾王統世系的空
白，明確了慕容曦輪、慕容曦光、慕容曦皓之間的關係，並糾正了相
關文獻記載的謬誤。

關於墓誌的紋飾及其與喪葬習俗的關係。賀梓城、張鴻修〈唐墓
誌刻飾〉[88]一文中，對唐代主要的墓誌紋飾進行了分析歸納。張鴻修
還有《唐代墓誌紋飾選編》[89]一書，將唐代墓誌紋飾加以整理編定。
從墓誌紋飾到有關墓葬習俗的探討，有趙超〈試談北魏墓誌的等級制
度〉、施安昌〈北魏苟景墓誌及其紋飾考〉等。[90]周曉薇、王菁在〈隋

84 李龍彬、樊聖英、李宇峰：〈遼代平原公主墓誌考釋〉，《考古》2011年第8期。

85 蓋之庸：〈近年慶陵出土遼代墓誌補證〉，《內蒙古文物考古》2002年第1期。

86 劉連香：〈東魏齊獻武高王閭夫人茹茹公主墓誌考釋〉，《華夏考古》2016年第2期。

87 濮仲遠：〈唐代慕容曦輪墓誌考釋〉，《青海師範大學學報》（哲學社會科學版）2019
年第1期。

88 賀梓城、張鴻修：〈唐墓誌刻飾〉，《文博》1987年第5期。

89 張鴻修：《唐代墓誌紋飾選編》（西安：陝西人民美術出版社，1992年）。

90 趙超：〈試談北魏墓誌的等級制度〉，《中原文物》2002年第1期；施安昌：〈北魏苟
景墓誌及其紋飾考〉，《故宮博物院院刊》1998年第2期。

墓誌刻飾圖案中的稀見紋樣——以《隋代墓誌銘匯考》為基本案例〉[91]
一文中，對連珠紋樣、壺門類紋樣、碑形墓誌的碑首紋樣、特形與浮
雕圓雕紋樣、其它紋樣進行了歸納與分類，推動了對隋代墓誌紋樣的
研究。

綜上，關於隋唐墓誌的研究已經取得相當豐碩的成果：一是整理
著錄類資料相當齊備，為我們學習、研究墓誌起到了事半功倍的作
用；二是從多方面來研究墓誌，以古學的視角從墓誌出土時地、墓誌
反映的墓葬觀念、地理空間等角度研究，從文學的角度墓誌文體的演
變對揭示墓誌的起源大有裨益，從製作工藝的角度分析的形制及紋
飾，從書法角度看墓誌但有相當數量的書法精品，更反映了漢字的演
變歷史，等等。歷史學更是從文獻考訂、墓誌反映的社會觀念、政治
變化、民族關係等多角度進行闡發，從多個方面揭示了墓誌的研究意
義。以往的研究還存在一些不足之處，主要還是從史料學而沒有從史
學史的角度進行解讀，對於墓誌中存在的對誌主及其背後家族的建構
問題、墓誌內容的撰述目的及其對象等等，都還有待進一步的討論，
這也是論文的努力方向。

第四節　主要創新

有關國博館藏隋唐墓誌的史學研究創新，主要有以下四點：
第一，對館藏隋唐墓誌作出系統梳理與解讀，主要包括對隋唐時
期墓誌的流傳、收藏經過的系統考訂，梳理墓誌在隋唐時期的發展
情況。

---

91 周曉薇、王菁：〈隋墓誌刻飾圖案中的稀見紋樣——以《隋代墓誌銘匯考》為基本
案例〉，《考古與文物》2009年第1期。

第二，揭示館藏隋唐墓誌的史料價值。館藏隋唐墓誌或為大家望族，或為高官，墓誌內容可與史傳內容互相對照，補闕糾誤。以往對館藏墓誌的研究，多為個案研究或某一家族研究，通過本文的梳理和研究，旨在揭示館藏墓誌有關正史、世系、家族史、社會史方面的史料價值。

第三，論述館藏隋唐墓誌的歷史書寫特點。墓誌上的文獻雖然也屬於古代文獻的一種，遵守著文獻學的共性，但是由於文獻載體不同，墓誌文獻的表現形式和內容又有獨特個性，在理論與方法上應進行更加深入的探索。具體而言，就是由圖解式的研究轉向墓誌史的研究，總結出墓誌文獻在歷史書寫上的特徵，反映出墓誌發展的內在動因，總結出墓誌發展的規律性，深化墓誌史及其理論研究。

第四，對隋唐墓誌蘊含的史學思想作出分析。墓誌反映了政治事件、職官制度變化、宗教與文化情況；有關墓主的記載是墓主生平、社會關係、家族情況的一個縮影，包含著豐富的社會史、政治史、文化史訊息。墓誌作為一種記事載體，其中蘊含了古人的倫理思想，包括孝道、忠君、敬祖等內容；墓誌作為現實世界與幽冥之界的連接，又具有一定的天人思想。這就將墓誌的研究提升到了思想的共通層面。

第五節　研究難題

有關墓誌研究，目前所遇難題如下：

第一，墓誌材料的收集較為困難。國家博物館藏品訊息的電子化還在推進當中，未被錄入或出版的墓誌訊息很難獲取，這為研究的開展增加了不小的難度。

第二，由於國博館藏墓誌大多為傳世品，少量為出土品，已失去

較多的歷史訊息，給研究工作帶來一定的難度。

　　第三，國博館藏墓誌涉及到隋唐時期政治、社會等諸多方面，深入研究每一方墓誌的的歷史訊息，需要有廣博的知識儲備，更要具有發現問題的眼光，這是研究工作的難題之一。

第二章
國家博物館墓誌收藏與研究綜述

　　國家博物館的歷史，最早可追溯到一九一二年成立的國立歷史博物館籌備處，距今已逾百年。經過一個多世紀以來國博工作人員的辛勤努力，館藏墓誌數量已達百餘方，成為國博館藏文物的重要門類之一。對於國博百餘年來墓誌的收藏、展覽、整理及研究史進行回顧與總結，將有助於推動今後墓誌研究工作的深入開展。

第一節　國博墓誌的收藏與展覽

　　國博墓誌收藏的歷史較長，主要包括三個階段：一是一九一二～一九三〇年國立歷史博物館（以下簡稱「國立博」）的發掘與收購，二是一九五九年建立中國歷史博物館（以下簡稱「歷博」，國博前身之一）新館、開館前後的大規模文物調撥，三是一九八九年前後歷博在全國範圍內調撥文物。

一　民國時期墓誌的收藏與展覽

　　在國立博籌備處成立後，便開始積極籌備文物徵集的工作，從徵集途徑上大致可分為社會徵集、考古發掘、政府撥交、社會捐贈等四種。社會徵集的有北魏元顯儁龜形墓誌（現藏南京博物院）、元羽墓誌原石。一九二一年內務部轉交河南偃師出土唐杜并墓誌拓本，其原石現藏偃師商城博物館，關於杜并墓誌的相關訊息，還有一九二一年

的教育部訓令以資佐證：

教育部訓令第二百四十二號（1921年8月15日）

令歷史博物館

准內務部函開，准河南省長咨開，偃師縣人陳又新于本縣土
人，在土樓村掘井，得唐杜并墓誌原石，拓成一份，請送國史
館存卷備案，檢同原傳暨墓誌，咨請查照等因。本部以杜并墓
誌係民國五年出土，考其所載，雖與唐書不合，亦係一種古代
石碣，可為歷史上之考證，于國史館並無關涉。除咨復外，相
應抄錄原文，檢同原送誌傳，函送貴部，轉交歷史博物館存
儲，以資參考等因，並附送唐杜并墓誌拓本暨原傳一份到部。
合即檢同原件，發交該館存儲。此令。

──《教育公報》1921年第8卷第9輯，頁16-17。[1]

在一九二五年的年度報告中，關於刻石一欄記載如下：

刻石　有北魏元顯儁墓誌（此誌石作龜形，具首尾，四足中間
鑿為長方偃角形，刻誌文于上），以蓋覆之，適于密合，制特
精異，為自□□□□□。魏元羽墓誌、隋唐墓誌。[2]

一九二六年十月，歷史博物館第一個常設展首次面向社會公開展覽，
這標誌著國立博正式開館。展覽設在午門上，共有十個文物陳列室，

1　〈教育部訓令第二百四十二號〉，《教育公報》1921年第8卷第9輯，頁16-17，參見李
　　守義：《向史而新：中國國家博物館史資料整理與研究（1912-1949）》（北京：北京
　　時代華文書局，2022年），頁66。

2　李守義：《向史而新：中國國家博物館史資料整理與研究（1912-1949）》（北京：北
　　京時代華文書局，2022年），頁87。

進行為期一個月的對外展出，參觀人數達到十八萬。其中，第三陳列室為六朝隋唐刻石陳列室。[3]

　　一九二八年六月，國立博編印《國立歷史博物館陳列室物品目錄》，其中「石刻」部分記載了三十五方墓誌誌石、一方墓誌誌蓋，年代涵蓋北魏、北齊、唐、宋時期，以唐代墓誌誌石數量最多，[4]它們在當時都屬於常陳物品。

表一　國立歷史博物館藏墓誌目錄一覽[5]

號碼	名稱	舊號	備考
一	北魏元顯儁墓誌	四八九	並蓋。延昌二年，洛陽出土。石為龜形，通長建初尺三尺強，今尺二尺二寸強；闊建初尺三尺一寸一分強，今尺一尺五寸五分強；厚建初尺九寸五分，今尺七寸弱。文十九行，行二十一字，楷書，字大今尺五分左右。蓋為穹窿形，高建初尺六寸二分，今尺四寸五分強。面題「魏故處士元君墓誌」，楷書
二	北魏元羽墓誌	四九三	景明二年，洛陽出土。石長建初尺二尺六寸弱，今尺一尺九寸強；廣建初尺二尺四寸四分強，今尺一尺八寸。凡十三行，行十五字，字徑今尺七分。共一百七十七字。原建初尺六寸九分強，今尺五寸一分

3　〈本館開館紀事〉，《國立歷史博物館叢刊》（1926年），第一年第二冊。

4　據《國立歷史博物館陳列物品目錄之一》，參見李守義：《向史而新：中國國家博物館館史資料整理與研究（1912-1949）》（北京：北京時代華文書局，2022年），頁287-294。

5　據《國立歷史博物館陳列物品目錄之一》，參見李守義：《向史而新：中國國家博物館史資料整理與研究（1912-1949）》（北京：北京時代華文書局，2022年），頁291-298。

號碼	名稱	舊號	備考
三	唐顏人墓誌	五六六	武德八年，洛陽出土。石高建初尺一尺八寸四分，今尺一尺三寸五分強；廣建初尺一尺八寸六分，今尺一尺二寸六分強，厚建初三寸四分，今尺二寸五分。楷書，每格長闊今尺六分
四	唐崔志及夫人趙氏繼室刀氏合葬誌	四九四	貞觀元年，洛陽出土。高建初尺三尺弱，今尺一尺六寸九分強；廣建初尺二尺二寸四分強，今尺一尺六寸五分；厚建初尺四寸六分強，今尺三寸四分。字大今尺六分左右
五	唐隋征士解琛墓誌	五〇九	貞觀八年，洛陽出土。石高建初尺一尺六寸一分，今尺一尺一寸八分強；廣建初尺一尺六寸二分強，今尺一尺一寸九分強；厚建初尺二寸一分強，今尺一寸五分；楷書，每格長闊今尺六分強
六	唐羅君副墓誌	五〇二	貞觀十一年，洛陽出土。石高建初尺二尺二寸六分，今尺一尺六寸七分弱；廣略相等；厚建初尺四寸一分，今尺三寸。楷書，字大今尺四分左右
七	唐景城縣令蕭瑤墓誌	四九五	貞觀十三年，洛陽出土。石高建初尺一尺六寸五分強，今尺一尺二寸一分強；廣建初尺一尺七寸五分強，今尺一尺二寸八分強；厚建初尺二寸強，今尺一寸五分。楷書，每格長闊今尺八分強，字大今尺五分左右
八	唐毗沙妻楊夫人墓誌	五六七	貞觀十六年，洛陽出土。高建初尺二尺四分強，今尺一尺五寸強；廣建初尺二尺三分強，今尺一尺五寸弱；厚建初尺三寸三分，今尺二寸四分強
九	唐上開府上大將軍安延墓誌	四九〇	永徽四年，洛陽出土。石高建初尺二尺八分，今尺一尺五寸三分強；廣略相等；厚建初尺三寸八分強，今尺二寸八分

號碼	名稱	舊號	備考
十	唐程寶安墓誌	五五八	永徽四年，洛陽出土。石高建初尺一尺一寸五分，今尺八寸四分強；廣建初尺一尺一寸一分強，今尺八寸一分強。首行即入詞□題，共十行，行十一字，共一百十字，楷書。每格長闊今尺七分，石厚建初尺三寸五分強，今尺二寸六分
十一	唐顏相墓誌	四九二	永徽五年，洛陽出土。石高建初尺二尺三寸弱，今尺一尺六寸九分；廣建初尺二尺二寸五分強，今尺一尺六寸六分；厚建初尺三寸六分強，今尺二寸七分。楷書，字大今尺五分
十二	唐騎都尉李強墓誌	五六二	永徽六年，洛陽出土。石高建初尺二尺二寸二分，今尺一尺六寸三分強；廣建初尺二尺一寸八分強，今尺一尺六寸一分；厚建初尺三寸九分，今尺二寸八分強。楷書，字大今尺四分左右
十三	唐徐君通墓誌	五一七	永徽六年，洛陽出土。石高建初尺一尺八寸八分強，今尺一尺三寸八分強；廣建初尺一尺九寸，今尺一尺三寸九分強；厚建初尺四寸九分，今尺三寸六分。楷書，字大今尺五分左右
十四	唐李夫人王氏墓誌	五一六	顯慶四年，洛陽出土。石高建初尺一尺五寸三分強，今尺一尺一寸二分強；廣建初尺一尺五寸九分，今尺一尺一寸七分；厚建初尺三寸，今尺二寸二分。楷書，每格長闊今尺七分強。石已中斷
十五	唐王玄墓誌	五六三	顯慶八年，洛陽出土。石高建初尺二尺強，今尺一尺四寸七分強；廣建初尺二尺三寸強，今尺一尺四寸九分強。左上端微缺，厚建初尺四寸四分強，今尺四寸

號碼	名稱	舊號	備考
十六	唐桓君夫人張氏墓誌	五六八	龍朔年，洛陽出土。石高建初尺二尺二寸，今尺一尺六寸二分；廣建初尺二尺二寸八分，今尺一尺六寸八分；厚建初尺四寸九分，今尺三寸六分
十七	唐呂德及夫人陳氏合葬誌	五五六	麟德元年，洛陽出土。石高建初尺一尺五寸五分，今尺一尺一寸四分強；廣建初尺一尺六寸，今尺一尺一寸八分強；厚建初尺二寸七分，今尺二寸弱。楷書，每格長闊今尺六分
十八	唐萬年宮監事趙宗墓誌	五一二	乾封元年，洛陽出土。高建初尺二尺三寸一分強，今尺一尺六寸二分強；廣建初尺二尺二寸強，今尺一尺六寸二分強；首行題「大唐萬年宮監農圃監監事趙君墓法銘并序」，凡二十三行，行二十三字，共五百十九字。楷書每格長闊今尺七分，石厚建初尺四寸六分，今尺三寸四分弱
十九	唐陪戎尉周君德墓誌	五六五	乾封年，洛陽出土。首行題「唐故陪戎尉周君德志銘并序」，凡十六行，行十六字，共二百二十八字。楷書，每格長闊今尺七分。石高建初尺一尺七寸，今尺一尺二寸五分強；廣建初尺一尺五寸四分強，今尺一尺二寸七分強；厚建初尺三寸五分，今尺二寸五分強
二十	唐孫處墓誌	五〇八	總章元年，洛陽出土。石高建初尺一尺五寸四分，今尺一尺一寸三分；廣建初尺一尺五寸二分，今尺一尺一寸一分強；厚建初尺四寸強，今尺三寸。每格長闊今尺七分左右
二一	唐王令墓誌	五五二	總章二年，洛陽出土。石高建初尺一尺九寸二分，今尺一尺四寸強；廣略相等；厚建初尺四寸弱，今尺二寸九分。石右下角已斷破。楷書，字大今尺四分左右

號碼	名稱	舊號	備考
二二	唐文水縣尉唐仁軌墓誌	四九六	總章二年，洛陽出土。高建初尺一尺五寸三分強，今尺一尺一寸三分強；廣略相等。厚建初尺四寸一分強，今尺三寸強。楷書，每格長闊今尺六分強
二三	唐費胤斌墓誌	五五四	咸亨三年，洛陽出土。石高建初尺一尺九寸四分，今尺一尺四寸二分；廣略相等。厚建初尺四寸九分弱，今尺三寸六分。楷書，字大今尺四分左右
二四	唐楊大隱墓誌	五五三	咸亨三年，洛陽出土。石高建初尺一尺七寸九分，今尺一尺三寸一分強；廣略相等。厚建初尺三寸六分強，今尺二寸七分。楷書，字大今尺五分左右
二五	唐張傑墓誌	四九一	咸亨四年，洛陽出土。高建初尺二尺八寸八分，今尺二尺一寸一分強；廣建初尺二尺八寸四分，今尺二尺九分強；厚建初尺四寸五分，今尺三寸三分。楷書，字大今尺五分左右
二六	唐樂巋及夫人胡氏同窆誌	四九七	上元三年，洛陽出土。石高建初尺一尺九寸五分，今尺一尺四寸三分；廣建初尺二尺二寸三分強，今尺一尺五寸；厚建初尺三寸強，今尺二寸強。首行題「大唐故處士樂巋墓誌銘并序」，凡二十二行，行二十三字，共四百七十七字。楷書，每格長闊今尺六分
二七	唐董文墓誌	五〇一	儀鳳元年。石高建初尺二尺二寸八分，今尺一尺六寸八分弱；廣二尺三寸三分，今尺一尺七寸一分強；厚建初尺四寸三分強，今尺三寸二分。楷書，每格長闊今尺七分
二八	唐蕭瑤及夫人杜氏合葬誌	五六四	永隆二年，洛陽出土。石高建初尺一尺六寸九分，今尺一尺二寸三分強；廣建初尺一尺六寸

號碼	名稱	舊號	備考
			三分強，今尺一尺二寸；厚建初尺三寸六分，今尺二寸六分強。字每格長闊今尺六分左右
二九	唐康柀墓誌	五一五	永隆二年，洛陽出土。石高建初尺一尺九寸六分強，今尺一尺四寸四分強；廣略相等。厚建初尺三寸八分，今尺二寸八分。楷書，每格長闊今尺六分
三十	唐東宮騎都尉吉懷惲墓誌	五〇四	垂拱三年，洛陽出土。石高建初尺一尺七寸八分強，今尺一尺三寸一分強；廣建初尺一尺七寸七分強，今尺一尺三寸強；厚建初尺四寸強，今尺三寸。楷書每格長闊今尺五分強
三一	唐楊岳墓誌	四九九	證聖元年，洛陽出土。高建初尺一尺六寸五分，今尺一尺二寸二分；廣略相等；厚建初尺四寸強，今尺三寸。楷書每格長闊今尺五分
三二	唐蔡朗墓誌	五一〇	聖曆元年，洛陽出土。石高建初尺一尺八寸六分，今尺一尺三寸七分；廣相等。前行題「大周故登仕郎前復卅監利縣尉　府君墓誌并序」，凡十七行，行二十字，共三百二十七字。楷書每格長闊今尺六分強，石厚建初尺四寸七分，今尺三寸四分強
三三	唐張方仁墓誌	五五五	長安四年，洛陽出土。石高建初尺一尺八寸五分，今尺一尺三寸五分強；廣建初尺一尺八寸七分，今尺一尺三寸七分；厚建初尺四寸九分弱，今尺三寸六分。楷書，字大今尺四分左右
三四	唐高知行墓誌	五一四	景龍三年，洛陽出土。石長建初尺二尺二寸一分強，今尺一尺六寸二分強；廣建初尺二尺二寸七分強，今尺一尺六寸六分強；厚建初尺六寸，今尺四寸四分強

號碼	名稱	舊號	備考
三五	唐忠武將軍邢思賢墓誌	五〇六	開元三年，洛陽出土。石高建初尺一尺九寸三分強，今尺一尺四寸二分強；廣建初尺一尺九寸強，今尺一尺四寸強；厚建初尺三寸強，今尺二寸強。凡二十二行，行二十三字，共五百〇三字。楷書，每格長闊今尺六分強
三六	唐楊君人河南源氏墓誌	四九八	開元二十九年，洛陽出土。石高建初尺二尺五分，今尺一尺五寸強；廣略相等。厚建初尺五寸四分強，今尺四寸。楷書，每格長闊今尺六分
三七	唐李君夫人嚴氏墓誌	五一一	開元二十九年，洛陽出土。石高建初尺二尺二分強，今尺一尺四寸九分；廣建初尺相等。首行題「大唐故李府君夫人嚴氏墓誌錦并序」，凡二十三行，行二十三字，共四百九十七字。楷書，每格長闊今尺五分強。石厚建初尺五寸四分，今尺四寸弱
三八	唐藍田縣丞寶公夫人楊氏墓誌	五〇七	天曆十二年，洛陽出土。石高建初尺一尺五寸五分強，今尺一尺一寸四分強；廣相等；厚建初尺三寸四分，今尺二寸五分。楷書，字約大今尺四分
三九	唐孫夫人李氏墓誌	五六一	貞元十九年，洛陽出土。石高建初尺一尺九寸四分，今尺一尺四寸二分強；廣建初尺二尺，今尺一尺四寸六分強；厚建初尺四寸強，今尺三寸。楷書，每格長闊今尺六分
四十	唐支氏小娘子墓誌	五五九	大中十年，洛陽出土。石正方，每邊長建初尺一尺三寸，今尺九寸五分強；首題「唐故鴻臚卿致仕支公小娘子墓誌銘」，凡二十一行，共四百五十字。楷書，字徑約今尺五分。石厚建初尺二寸六分，今尺一寸九分強

號碼	名稱	舊號	備考
四一	唐支氏小娘子墓蓋	五六〇	邊長建初尺七寸五分，今尺五寸五分弱。字二行，行三字。楷書陰文「支氏小娘子墓」。字徑今尺均一寸左右。蓋厚建初尺二寸八分，今尺二寸強
四二	唐鄭賓妻崔氏墓誌	五〇五	石高建初尺一尺四寸九分，今尺一尺九分強；廣建初尺一尺四寸八分強，今尺一尺九分強；厚建初尺四寸強，今尺三寸。楷書，字徑今尺五分
四三	唐崔詹墓誌	五〇〇	天祐四年十一月七日。石高建初尺二尺二寸二分，今尺一尺六寸三分強；廣略相等；厚建初尺六寸四分強，今尺四寸。楷書，字大今尺四分左右
四四	唐王爽墓誌	五〇三	天保四年十月廿五日。石高建初尺二尺二寸四分，今尺一尺六寸五分；廣略相等；厚建初尺六寸三分，今尺四寸六分強。楷書，每格長闊今尺五分
四五	深澤縣令蕭公夫人袁氏墓誌	五一三	志無年月，洛陽出土。石高建初尺一尺九寸一分，今尺一尺四寸強；廣略相等；厚建初尺四寸六分強，今尺三寸四分。楷書，每格長闊今尺五分強
四六	宋郭文慶妻劉氏墓誌	五五七	嘉祐八年，洛陽出土。石高建初尺一尺八寸，今尺一尺三寸二分強；廣略相等；厚建初尺四寸三分強，今尺三寸二分。楷書，字大今尺七分左右

一九二九年的《國立中央研究院歷史博物館籌備處十八年報告》中，記載第三陳列室石刻七十七方，寫磚三方。其中墓誌共四十六種，另有

墨書唐代郭沖墓誌並蓋，唐代墓誌多為董康先生所捐贈，[6]他先後向國博捐贈墓誌十九件，[7]《國立中央研究院歷史博物館籌備處十八年度報告》記載了社會各界的捐贈情況，其中涉及墓誌的是「徐森玉先生贈漢魏殘石經及魏唐墓誌拓本」，具體是哪些墓誌拓本尚未可知。

二　新中國成立後墓誌的收藏與展覽

一九四九年新中國成立之後，國博墓誌收藏與展覽均有較大程度的變化。墓誌收藏來源主要有調撥、考古發掘等形式。入藏館內的部分墓誌，出現於國博舉辦的一些展覽之中。

（一）通過調撥收藏的墓誌

一九四九年十月一日中華人民共和國成立，國博隸屬於中央人民政府文化部文物局，並改名北京歷史博物館。華北人民政府將晉冀魯邊區政府在戰爭時期搶救下來的文物撥交國博收藏，這批文物是河北省景縣十八亂冢出土的封氏墓葬品，包括三方墓誌、銅器、陶瓷和玻璃器等，這批文物對研究北朝歷史價值極大。[8]

一九五八年末至一九六五年，全國各大博物館、各地文物考古機構積極支援歷博建館。全國有七十七個文物單位支援調撥文物，收到古代文物三〇五四七件。[9]其中，調撥了一些墓誌考古發掘品，如陝

6　李守義：《向史而新：中國國家博物館史資料整理與研究（1912-1949）》（北京：北京時代華文書局，2022年），頁341。

7　李守義：《向史而新：中國國家博物館史資料整理與研究（1912-1949）》（北京：北京時代華文書局，2022年），頁18。

8　歷博圖書館：〈中國歷史博物館史略〉，《中國歷史博物館》館刊總第13-14期（1989年）。

9　歷博圖書館：〈中國歷史博物館史略〉，《中國歷史博物館》館刊總第13-14期（1989年）。

西西安隋代李靜訓墓出土墓誌、陝西西安隋代姬威墓出土墓誌、陝西西安市唐代獨孤思貞、獨孤思敬及夫人元氏墓誌、西安市唐代鮮于庭誨墓出土墓誌、西安市唐代楊思勗墓出土墓誌等。

（二）國博墓誌展覽

目前國博尚無墓誌的專題展覽，但墓誌作為魏晉南北朝隋唐時期的重要文物，對展示這一時期的時代特徵不可或缺，因而經常作為展覽的一部分出現。

在國博基本陳列「古代中國」中，元羽墓誌和孤獨信墓誌作為魏晉南北朝時期的重要遺存陳列其中。二〇一八年九月三日，由中國國家博物館與中共陝西省委宣傳部、陝西省文物局聯合主辦，陝西歷史博物館承辦，九家文博單位共同協辦的「大唐風華」展覽在國博開幕。「大唐風華」展覽在展示上以數件唐代墓誌和壁畫為重點展開，其中唐儉墓誌和馬璘墓誌作為重點來展現唐代文臣武將的風采，西安碑林博物館的蘇諒妻馬氏墓誌、米繼芬墓誌更是首次出館展出。

除了墓誌誌石之外，墓誌拓本也因為其書法價值，在國博「中國古代書法」專題陳列中出現。西晉張光磚墓誌拓本、北周獨孤信墓誌拓本、隋李靜訓墓誌並蓋拓本、武周獨孤思貞墓誌拓本等皆在陳列當中。

第二節　國博墓誌資料的整理與研究

一　國博館藏墓誌資料的整理

一九二六年，在《國立歷史博物館叢刊》第二冊、第三冊上，刊出《館藏貞石錄》一欄，記載當時所藏墓誌四十七方，其中列出墓誌

共二十一方，其中唐代墓誌時八方。對墓誌出土時地、形制均有詳細記載，並有錄文。另有「遼彭城郡王劉公墓誌銘並跋」（劉繼文），這是一九二六年內蒙古卓索圖盟喀喇沁東旗山麓發現的，李馥塘獲其拓本，並遺書國立博囑為考證，於是《國立歷史博物館叢刊》將原文和跋語刊布出來。

　　二〇一七年，《中國國家博物館館藏文物研究叢書・墓誌卷》[10]一書出版。該書主要包含兩個部分。一是圖版和圖釋文字。圖版主要包括墓誌誌石、誌蓋的拓本，圖釋文字包括墓誌名稱、時代、出土時地、流傳、著錄等基本情況，還有對形制特點、藝術特色以及研究情況的簡要說明。二是研究論文，既有對國博館藏墓誌的概述，又有專題性研究論述，將館藏墓誌的學術價值展現了出來。該卷所錄館藏墓誌八十一方，其中隋唐時期墓誌六十六方，從數量上占全書的主體地位。國博所藏的重要墓誌，絕大多數此前已錄文刊布，但錄文與原拓本往往分離，此書將誌文拓本與錄文同時刊布，便於研究者與前人錄文對照研究。《中國國家博物館館藏文物研究叢書・墓誌卷》中對墓誌形制、圖案紋飾、墓誌書法的論述，揭示了墓誌多方面的價值，特別是其中有明確紀年的墓誌，其形制為考古斷代分期提供了佐證。

　　一九九四年出版的《中國歷史博物館藏法書大觀》（15冊），[11]其中第十卷《墓誌拓本》（1997）集中收錄了館藏墓誌拓本，圖版清晰，便於研究其書法價值。

　　《中國國家博物館館藏中國古代書法》[12]中，收錄了一批館藏墓誌

---

10 中國國家博物館：《中國國家博物館館藏文物研究叢書》（上海：上海古籍出版社，2017年），墓誌卷。

11 中國歷史博物館編：《中國歷史博物館藏法書大觀》（東京：柳原書店，1994年），第15冊。

12 呂章申主編：《中國國家博物館館藏中國古代書法》（合肥：安徽美術出版社，2014年）。

拓本，包括：元羽墓誌拓本、封魔奴墓誌並拓本、元則墓誌拓本、元宥墓誌拓本、封延之墓誌並蓋拓本、獨孤信墓誌並拓本、封子繪墓誌並蓋拓本、王楚英墓誌並蓋拓本、崔長暉墓誌並蓋拓本、李靜訓墓誌並蓋拓本、姬威墓誌並蓋拓本、獨孤思貞墓誌並蓋拓本、獨孤思敬墓誌並蓋拓本、楊思勗墓誌並蓋拓本、宋氏功德山居長墓誌並蓋拓本。

《中華寶典──中國國家博物館館藏法帖書系》（第一、二、三、四、五輯）[13]等，收錄了國博館藏部分墓誌拓本。這套書中對每件作品進行了重新拍攝或掃描，作品圖片完整，色彩真實，圖像清晰，忠實地再現了館藏文物的原貌與細節。每件作品均有研究評述，除了定名、時代、尺寸、釋文、著錄訊息外，還對碑誌、刻帖的刊刻、版本考訂，鑑藏信息等作了充分展示和介紹。第二輯中包含民國拓《元顯儁墓誌》，版本精良。第五輯中包含《封魔奴墓誌》（北魏刻石）、《元羽墓誌》（北魏刻石）、《獨孤信墓誌》（北周刻石），對墓誌內容流傳等基本情況作述要之外，還對它們的書法價值有深入具體的闡述。

二　國博墓誌學術研究

有關墓誌的學術論文，大體可分為三類：一是有關國博館藏墓誌的整體性研究。主要有王義康先生《國家博物館藏墓誌概述》，國博館藏的八十二方志石中有六十七方是隋唐誌石，他對之進行了如下概述：一是對它們的文獻學價值進行了總結，二是對墓誌紋飾圖案的研究對瞭解其演變歷程具有一定意義，三是對墓誌書體的研究為瞭解這一時期的書法藝術提供了實際參照。王義康先生還著有〈國家博物館

---

13 王春法等：《中華寶典──中國國家博物館館藏法帖書系》（合肥：安徽美術出版社，2018年始出），第一、二、三輯。

藏墓誌石繫年目錄〉，[14]以誌主下葬之日為標準，為這批誌石編著了繫
年目錄，希望引起學者對誌石的注意，而不僅僅依據傳世拓本。

　　二是關於館藏墓誌的考證性研究。趙超先生〈中國國家博物館藏
北朝封氏諸墓誌彙考〉，[15]對瞭解北朝時有關歷史和門閥大家族情況非
常有價值，這些墓誌詳細記載了家族成員的職務、功績和婚姻情況，
為研究北方大姓的婚姻與政治關係提供了寶貴資料。羅新〈中國國家
博物館藏北魏元則、元宥墓誌疏解〉，[16]在梳理墓誌內容基礎上指出其
價值在於更多地瞭解拓跋良這一支後代的情況及其當時的政治鬥爭，
對拓展北魏宗室譜系具有重要意義。以上專題性研究主要是從幾方墓
誌集中闡述具體問題，從一方墓誌展開進行考證的論文更為豐富。周
錚先生的〈崔詹墓誌考〉，[17]從墓誌的書寫和文獻材料的梳理中，對這
位晚唐官員墓誌的特殊寫法進行了探析，指出五代時期政權頻繁更迭
使得墓誌中沒有出現喪葬年號。周錚先生在〈北齊封子繪及夫人王楚
英墓誌釋文與箋證〉[18]一文中，對這兩方出土墓誌進行了考釋。周錚
先生在〈司馬垂墓誌考證〉[19]一文中，對撰誌者、家族世系、史實進
行了考證。周錚先生的〈元冏墓誌析〉[20]一文，雖元冏墓誌非國博館
藏，但其作為考古發掘品格式奇異，多有別體字。王義康先生的〈唐
陳琮墓誌跋〉，[21]陳琮是南朝帝王後裔，作者據此補校了《南史》、《北

14　王義康：〈國家博物館藏墓誌石繫年目錄〉，《文津學志》2011年刊。

15　趙超：〈中國國家博物館藏北朝封氏諸墓誌彙考〉，《中國歷史文物》2007年第2期。

16　羅新：〈中國國家博物館藏北魏元則、元宥墓誌疏解〉，《中國歷史文物》2007年第
　　2期。

17　周錚：〈崔詹墓誌考〉，《中國歷史博物館館刊》（1987年）。

18　周錚：〈北齊封子繪及夫人王楚英墓誌釋文與箋證〉，《中國歷史博物館館刊》1994
　　年第2期。

19　周錚：〈司馬垂墓誌考證〉，《中國歷史博物館館刊》1996年第1期。

20　周錚：〈元冏墓誌析〉，《華夏考古》2000年第1期。

21　王義康：〈唐陳琮墓誌跋〉，《文獻》2006年第4期。

史》闕誤之處，並補充了《新唐書·宰相世系表》的缺失之處，對陳氏家族北遷之後的情況進行了考證。

國博學者對墓誌的研究不僅僅局限於館藏墓誌，還拓展到各地出土的墓誌，同時國博學者將墓誌作為一種實物證據，廣泛地運用在其他領域的研究中。于璐在〈唐趙璜墓誌考釋〉[22]一文中，對二十世紀初出土於洛陽的趙璜墓誌進行了系統地考證，對趙璜的宦游經歷、世系、婚姻狀況等進行了辨析。霍宏偉先生在〈大英博物館藏一組唐代三彩俑來源追溯〉[23]一文中，以這組三彩俑為切入點，找到了與三彩俑同出一墓的墓誌，並指出這批三彩俑和墓誌的主人應為「劉庭訓」，通過墓誌所載劉庭訓墓所處方位，推斷該墓被盜掘的時間應是清末修築汴洛鐵路之時。呂偉濤在〈「□墮暨妻趙氏墓誌」考鑒〉[24]一文中，對這方現藏於加拿大皇家安大略博物館的墓誌進行了考證，認為志主為原為北魏鮮卑族族步六孤氏。王義康、管寧在〈唐代來華日本人井真成墓誌考辨〉[25]一文中，對志主的身分及生平進行了深入討論，並認為其撰志人應為官方的著作局。王義康先生在〈唐代河朔移民及其社會文化變遷〉[26]一文中，結合墓誌和傳世文獻，對唐代河朔移民進行了探析，認為「河朔胡化」並不是當時主流。王義康先生在〈突厥世系新證——唐代墓誌所見突厥世系〉[27]一文中，結合墓誌與文獻記載，對突厥可汗的世系進行了系統考證。柏進波、余國江在

22 于璐：〈唐趙璜墓誌考釋〉，《洛陽師範學院學報》2017年第12期。

23 霍宏偉：〈大英博物館藏一組唐代三彩俑來源追溯〉，《中國國家博物館館刊》2017年第4期。

24 呂偉濤：〈「□墮暨妻趙氏墓誌」考鑒〉，《故宮博物院院刊》2021年第1期。

25 王義康、管寧：〈唐代來華日本人井真成墓誌考辨〉，《中國歷史文物》2005年第5期。

26 王義康：〈唐代河朔移民及其社會文化變遷〉，《民族研究》2007年第5期。

27 王義康：〈突厥世系新證——唐代墓誌所見突厥世系〉，《民族研究》2010年第5期。

〈隋代泰州小考──以〈韋協墓誌〉為新線索〉[28]一文中，將新刊布的《韋協墓誌》與《舊唐書》《薛氏墓誌》等資料結合起來，認為隋代確實設置有泰州，《隋書·韋協傳》記載有誤。

通過以上三個方面的闡述，筆者對一百多年來國博墓誌的收藏、展覽、整理及研究等諸多方面進行了較為全面、系統的梳理與探討，對其特點做了歸納，為今後國博墓誌的研究提供一個可以參照的坐標。

第一，在國博墓誌收藏與展覽方面，雖然墓誌收藏數量比例以傳世品為主，考古發掘品為輔，但是後者的質量在全國居領先地位，在墓誌研究中占據突出地位。同時，館藏墓誌配合國博「古代中國」基本陳列，放置於展櫃之中，成為反映魏晉南北朝隋唐時期物質文化的重要載體。種類豐富的墓誌，為國博舉辦各類文化史、社會生活史的展覽發揮作用。

第二，在墓誌的整理方面，自《國立歷史博物館陳列物品目錄》開始，開啟了國博墓誌資料系統整理的序幕，到二〇一七年《中國國家博物館館藏文物研究叢書·墓誌卷》，對國博墓誌的系統整理使得學術界對館藏墓誌的面貌有一個整體認識。

第三，學者從多方面來研究墓誌取得了諸多成果，以考古學的視角從墓誌出土時地、墓誌反映的墓葬觀念、地理空間等角度研究，從文學的角度墓誌文體的演變對揭示墓誌的起源大有裨益，從製作工藝的角度分析的形制及紋飾，從書法角度看墓誌但有相當數量的書法精品，更反映了漢字的演變歷史。歷史學更是從文獻考訂、墓誌反映的社會觀念、政治變化、民族關係等多角度進行闡發，從多個方面揭示了墓誌的研究意義。周錚、王義康等國博學者發表了一系列相關研究

28 柏進波、余國江：〈隋代泰州小考──以〈韋協墓誌〉為新線索〉，《中國國家博物館館刊》2021年第2期。

成果。在今後的研究中，應該有計劃地組織專業團隊，充分發掘國博館藏墓誌資源，多學科交叉，按時段、分類別進行精細化專題研究。不僅為學術界提供質量上乘的第一手墓誌資料，而且要將最新的研究成果呈現在學者面前。

第三章
國家博物館藏墓誌概論

　　作為中國古代墓葬中的重要裨葬品，墓誌在古代墓葬中有所發現。墓誌一般為正方形或長方形的石質隨葬品，常見的誌石形制為盝頂形盒式誌蓋，扁方形誌身。根據歷代墓葬考古發掘情況來看，墓誌放置於墓室接近墓門的位置，或墓門口、甬道中，具有標記墓主身分的作用。墓誌發展到隋唐時期，在書法、文體、雕飾等方面達到了藝術高峰。墓誌集史料價值、書法價值、藝術價值於一身。

　　筆者所見國博館藏隋唐墓誌誌石計有六十六方，其中一方因誌石有損，紀年未詳。國博館藏墓誌中有三十三方出土於洛陽，其中隋代三方，唐代三十方，占總數一半。以下就在整理過程中所見館藏墓誌在史料學、考古學、藝術學上的價值做初步分析和闡釋，描繪出館藏隋唐墓誌整體概況。

第一節　國博館藏墓誌所反映的歷史面貌

一　李世民功臣集團

　　以李世民為核心的功臣集團，在他的秦王府下招募了大量英才，這些人員成為他政治勢力擴張過程中的重要參與者，在唐初及爭儲中發揮了重要作用。玄武門之變後，李世民對他們進行了相應的封賞，李世民的幕僚作為唐初重要政治力量，他們的墓誌可以為研究者提供豐富的訊息。

　　羅君副在李世民東征期間加入秦王府，並憑藉軍功獲得升遷：
「公諱君副，字進成，齊州歷城人也……義旗肇建，挺身降款，授上
開府，尋為長槍馬軍副總管。竭力戎行，剪摧凶寇，授上柱國，又轉
授秦王府驃騎將軍，又轉秦王府左一統軍、左四府右車騎將軍，封安
山縣子。」[1]在玄武門之變之後，羅君副屢以軍功升遷，進入中級武
官行列，羅君副墓誌對研究玄武門之變前李世民秦王府中武將的家
世、仕宦情況等具有一定價值。

　　顏人「大唐啟基，投身莫府」，根據墓誌後文可知他投身的「莫
府」即為秦王府，其後他被調入北門諸衛或南衙諸衛，任旅帥一職。
顏人墓誌具有與上文羅君副墓誌相似的史料價值，即為研究秦王府武
官仕途提供參照。

　　楊大隱為河南人，其父楊藝在隋義寧年間為秦王府庫真，庫真一
職在唐初為王府屬官，當是「庫直」的異稱。庫真一職雖品級不高，
但由於此職與皇帝或諸王親近，具有相當的影響力，以秦王府為例，
武德四年李世民被封為天策上將並建府後，閻立本便為其庫真。由於
楊藝在唐初曾為庫真，這對楊大隱的仕宦生涯具有重要作用。楊大隱
在貞觀年間參與征討高句麗，在此戰中由於作戰英勇獲封上柱國，墓
誌文載其「君乃棄文士之筆，挺壯夫之劍，舞戟交前，方驗一身之
膽；楊桴直指，仍儷九夷之氣。勒勳上柱國，賞物五百段。是日戰
功，實彰忠果。」[2]楊大隱作為秦王李世民功臣集團的後代，他投筆
從戎，在征戰高句麗這樣的時代機遇前把握住機會，建立功業。這對
進一步研究李世民功臣集團具有一定價值。

1　中國國家博物館：《中國國家博物館館藏文物研究叢書》（上海：上海古籍出版社，
　　2017年），墓誌卷，頁44。

2　中國國家博物館：《中國國家博物館館藏文物研究叢書》（上海：上海古籍出版社，
　　2017年），墓誌卷，頁88。

二　少數民族及其後裔在華情況

隋唐時期，胡姓家族及其後裔參與到這一時期中國歷史的政治、軍事、宗教、藝術等各個方面，他們自身的興起、發展和轉變過程，值得學者不斷進行研究探討。

康枚墓誌是民國時期出土墓誌。康枚為粟特人，有學者指出，其墓誌文中「原夫吹律命系，肇跡東周，因土分枝，建旗西魏」與調露二年（西元680年）洛陽出土的安神儼墓誌一模一樣，並認為這是胡人長期受漢文化熏陶，但又缺乏基本的漢文修養，因而程式化的墓誌套語於是產生。[3] 康枚本人為陪戎都尉，作為武官，他的墓誌極有可能是委託漢人所作，因而除卻人名、地名、官稱和時間的改動外，其他文本套用較多。而隨著胡人中成長起屬於他們自己的士人後，他們的墓誌便傾向於讓自己的族屬撰述墓誌。

安延出自「昭武九姓」中影響較大的安氏，與康姓、史姓、曹姓、何姓同屬粟特人。粟特人善於經商，長期操縱絲綢之路上的轉販貿易，對粟特人這一部族的研究不但能反映出胡族漢化的具體過程，還對絲綢之路的研究有一定價值。安延，字薛貴，父親、祖父的名字為「比失」、「真健」，這些詞在漢語中皆無表義功能，這說明他們皆非漢人，在貞觀年間也並沒有完全漢化。從墓誌內容來看，安延及其父親安比失並非商人，而是以武起家，「及皇運伊始，宣力義旗，授上開府、上大將軍，振跡五營，功逾四校」。[4]

3　吳玉貴：〈涼州粟特胡人安氏家族研究〉，榮新江主編：《唐研究》（1997年），第三卷，頁317-321，引文在頁319。

4　中國國家博物館：《中國國家博物館館藏文物研究叢書》（上海：上海古籍出版社，2017年），墓誌卷，頁62。

三 中下級官員遷轉情況

　　邢思賢，其先祖為河間郡人，曾祖君卿，隋德州司馬。祖德弼，為唐朝冀州南宮縣尉，墓誌稱其「才高位下，屈梅福于南昌」。[5]父智滿，太中大夫、行桂州都督府長史、上柱國、河間縣開國男，其爵位為從五品。邢思賢應是以父蔭為趙王府執仗，這也是一般官僚地主階級子弟以蔭入仕的途徑。邢思賢後遷為左衛長上，後歸政府左果毅長上，授忠武將軍，奉敕九成宮留守，又充京故城使，其後屢次奉職為羽林郎，後「升榮幕府」，[6]在幕府中負責警衛事宜。邢思賢墓誌，為我們研究中唐時期武職官員的升官遷轉提供了一個具體事例，他以門蔭入仕，但並非千牛衛或三衛，而是更低一級的王府執仗，其後屢次遷轉，成為幕府僚佐，這是非常難得的。

　　費胤斌，江夏人，墓誌稱其是蜀國丞相費禕第十二代孫。費胤斌曾祖費浩，為梁直閣將軍、江夏太守。祖父費安壽，為梁通直散騎常侍。父費清，為周本州大中正、隋上儀同三司、澠池縣開國子、左驍衛虎賁郎將，贈金紫光祿大夫。費胤斌墓誌世系清晰，源流有自，然其所列先祖正史未見所載。費胤斌解褐為江夏郡司功書佐，司功書佐是煬帝大業三年（西元607年）由司功參軍事一官所改，結合墓誌所載生卒年可知費胤斌生於西元五八九年，因而當時應為隋官。入唐以後，費胤斌仕宦經歷非常豐富：武德四年（西元621年）授東南道行臺舍部郎中，尋授秦州大總管府屬。貞觀年間，遷轉原、慶、鄧三周司馬，後改授婺州司馬。永徽年間，又授吳王府司馬，兼行梁州都督

5　中國國家博物館：《中國國家博物館館藏文物研究叢書》（上海：上海古籍出版社，2017年），墓誌卷，頁134。

6　中國國家博物館：《中國國家博物館館藏文物研究叢書》（上海：上海古籍出版社，2017年），墓誌卷，頁134。

府司馬，又為吳王府司馬，行安州都督府司馬。顯慶元年（西元656年），除曹王府司馬，遷長史，兼行梁州都督府長史，其後為巴州刺史、辰州刺史。至此費胤斌「丹祈屢請，優詔許焉」，[7]致仕養老。其夫人出自隴西李氏。費胤斌由隋代官員的身分入唐，在歷經多次遷轉後，成為中級官吏，一方的最高行政長官，是非常難得的。

世系載張傑為漢相張良後裔，先代因官遷轉，為洛陽縣人。祖父張略為周朝相州刺史，父親張慶為隋朝定州長史。從其父祖的官職來看，都是握有實權的中級官員。張傑在隋朝應已出仕，因而入唐後授為襄州襄陽縣主簿。在此任上，張傑未有遷轉，於貞觀二十三年（西元649年）終於私第。其子為婺州信安縣丞，關於撰志目的，墓誌文載「仍恐岸移川易，河變山□」。[8]

張曄，顯慶四年（西元659年）版授為鄭州管城縣令，「版授」是中國古代一種非正式的授官制度，根據墓誌文記載，張曄被授官時已有八十四歲高齡，屬於「版授高年」，這是一種敬養老人的政策。「版授高年」在赦文和人物墓誌中屢有出現，但由於這兩者之間在時間上多有不符，因而學者對此形成了不同意見。趙超先生認為，版授高年是一種經常性的制度，不一定需要在大赦令頒布後才能實施。[9]夏炎則認為版授高年是唐代的一種州級官員制度，並作為唐朝中央一項重要的施政舉措長期貫徹執行。[10]張曄「顯慶四年，版授鄭州管城縣令」，[11]另有版授實例是在顯慶元年（西元656年），當時八十一歲的張

7　中國國家博物館：《中國國家博物館館藏文物研究叢書》（上海：上海古籍出版社，2017年），墓誌卷，頁90。

8　中國國家博物館：《中國國家博物館館藏文物研究叢書》（上海：上海古籍出版社，2017年），墓誌卷，頁92。

9　趙超：〈讀唐代墓誌札記三則〉，《文博》1988年第3期。

10　夏炎：〈論唐代版授高年中的州級官員〉，《史林集刊》2005年第2期。

11　中國國家博物館：《中國國家博物館館藏文物研究叢書》（上海：上海古籍出版社，2017年），墓誌卷，頁104。

暉並沒有被版授，李亮認為，這可能與版授的程序有關，如有人數限制就會存在選擇性版授的情況。[12]

吉懷惲為馮翊人，其曾祖賢為青州長史、行臺左丞。祖父昂在隋朝任涼州總管府記室參軍、新安郡主簿。父義臣為唐朝驍騎尉、朝散大夫。與其父主要以武見長不同，吉懷惲文武雙全，「惟君劍蘤疏芳，琴梧擢秀，宏姿天骨，人傑地靈。學海文波，孕驪泉而吐色。」[13]吉懷惲解褐為東宮勳衛，此後未有遷轉，於垂拱三年（西元687年）卒於延福里第，享年四十五歲。

關師為洛陽人，自其曾祖到其父親皆為梁、周、隋的郡守、縣令一類官職。到關師時，由於身處隋唐政權更迭之交，「惟公守素，獨起傷魚之慮。乃投硯策，遁跡粉榆」，[14]武德年間天下初定後，關師被授為桃林縣令。關師擢策甲科，授為高安縣丞。關師由縣令轉為縣丞，這種事例在唐代墓誌中非常少見，等級上是上升的。但從關師遷轉為縣丞後，「豈謂災生赤鳥，崇起黃黑，驚玉釜之空煎，悼金丹之枉練」，[15]沉迷煉丹。關師對研究唐代初年基層官員遷轉，具有一定參考價值。

楊岳為弘農緱氏人，其家「代傳儒素，家積公侯」，[16]曾祖晃為隋梓州玄武縣令，祖父喧為隋益州大都督府司馬、龍門公，父親君楷為唐右領軍衛天固府統軍。楊岳「糠秕榮利，詩書自娛，未窮與善，摧

12 李亮：〈唐代版授高年問題發覆〉，《史學月刊》2021年第4期。

13 中國國家博物館：《中國國家博物館館藏文物研究叢書》（上海：上海古籍出版社，2017年），墓誌卷，頁114。

14 中國國家博物館：《中國國家博物館館藏文物研究叢書》（上海：上海古籍出版社，2017年），墓誌卷，頁116。

15 中國國家博物館：《中國國家博物館館藏文物研究叢書》（上海：上海古籍出版社，2017年），墓誌卷，頁116。

16 中國國家博物館：《中國國家博物館館藏文物研究叢書》（上海：上海古籍出版社，2017年），墓誌卷，頁118。

梁奄及」，[17]安貧樂道，以詩書為樂。

　　獨孤思貞墓誌為一九五八年考古發掘品，其墓葬具體訊息收錄於《唐長安城郊隋唐墓》，獨孤思貞為武周時期基層文官，由於事母極孝，「三年齋居，七日不食。載紆綸綬，榮問苫廬。爰命入閣，賜絹、帛、繒、彩三百段，衣裳數襲。禮闋，以孝極君親，量能昭洽，特賜龜加一階，除乾陵署令。」[18]乾陵作為李治和武則天的合葬陵，有專門管理帝陵的衙署，官階為從五品上，獨孤思貞以孝行加官，這對研究武周時期官職升遷具有一定參考價值。

　　秦朗為隴西汧源人，祖諒為隋越州會稽縣令，父端在唐朝任絳州龍門縣丞。秦朗「學植文理，稟于家訓」，[19]解褐任復州監利縣尉，在任上「飛蝗出境」，因而「聲美堯編，冠冕人倫，輝映古今」。[20]秦朗解褐即為縣尉，且其父祖官職均未達到門蔭的門檻，因而秦朗極有可能通過科舉入仕。

　　高知行墓誌是民國時期洛陽出土墓誌。高知行為渤海郡人，其祖真為隋朝散大夫，任婺州司馬。父文穎在唐朝任游擊將軍、右衛德閏府右果毅都尉。高知行「立身從仕，慮始謀終，仍以為屈輪桷之材。居將作之任，委強明以幹事彙，時號能官；任清勤以莅政塗，人歌得士。」[21]高知行所任的將作監大蔭監副監，應即是《唐六典》中的

17 中國國家博物館：《中國國家博物館館藏文物研究叢書》（上海：上海古籍出版社，2017年），墓誌卷，頁118。

18 中國國家博物館：《中國國家博物館館藏文物研究叢書》（上海：上海古籍出版社，2017年），墓誌卷，頁120。

19 中國國家博物館：《中國國家博物館館藏文物研究叢書》（上海：上海古籍出版社，2017年），墓誌卷，頁122。

20 中國國家博物館：《中國國家博物館館藏文物研究叢書》（上海：上海古籍出版社，2017年），墓誌卷，頁122。

21 中國國家博物館：《中國國家博物館館藏文物研究叢書》（上海：上海古籍出版社，2017年），墓誌卷，頁128。

「太陰監」，這是一個專門管理木材採伐和製作的部門，屬於將作監下屬六監之一：「百工、就谷、庫谷、斜谷、太陰、伊陽監：監各一人，正七品下；副監一人，從七品下；丞一人，正八品上。」[22]從墓誌文來看，高知行工匠技術較高，頗具才幹，具有較強的管理能力，品行正直，為官清廉。高知行墓誌對研究唐代武周時期將作監的職能與遷轉具有一定參考價值。

董虔運為隴西狄道人，曾祖惲為隋朝散大夫、揚州海陵縣令。祖謙為游擊將軍、左金吾衛積善府折衝。父雅則「晦跡藏用，閑居理道」，[23]董虔運「幼好書劍，兼懷仁勇。心乎許國，道可濟時。」[24]他參加武舉後，擢第，被授為右羽林軍押飛騎引駕。解褐為澤州沁水府左果毅，後遷汝州龍興府右果毅，又升為左羽林軍長上果毅。董虔運通過武舉擢第，這在現存的墓誌中較為稀少，董虔運墓誌對研究以武舉入仕的武官職官遷轉情況，可以一定參考價值。

王爽曾祖戩為隋臨河郡司馬，祖就為唐朝河內郡參軍，考烈為信安郡太守。王爽為其父之第八子，「以陪常調，為吏部選」，但並未出仕為官，唯修身養性。其夫人為兵部常選璟之女。從王爽墓誌可以看出，並非所有待選之人都有為官機會，王爽直到七十一歲去世都未獲得官職。

四　重要歷史人物、事件

鮮于庭誨墓誌於一九五七年出土於西安南郊何村。鮮于庭誨墓經

---

22 李林甫等：《唐六典》（北京：中華書局，1992年），卷二十三〈將作監〉，頁598。

23 中國國家博物館：《中國國家博物館館藏文物研究叢書》（上海：上海古籍出版社，2017年），墓誌卷，頁138。

24 中國國家博物館：《中國國家博物館館藏文物研究叢書》（上海：上海古籍出版社，2017年），墓誌卷，頁138。

過考古發掘，其墓葬訊息完整，且作為紀年墓其墓誌形制等可作為其他墓誌年代的參照。鮮于庭誨為漁陽郡人，與顏真卿所撰的《中散大夫京兆尹漢陽郡太守贈太子少保鮮于公神道碑銘》中的鮮于仲通為同鄉，鮮于庭誨早於鮮于仲通約四十年。鮮于庭誨墓誌對於其家族起源從其曾祖開始追溯，曾祖標為同開府儀同三司，諡號為襄；祖緒為使持節驃騎大將軍、大都督、涼州刺史，諡號為景；父仁敏，高尚不仕。從其父祖的官職來看，其家族在入唐以後便逐漸沒落，鮮于庭誨起家為右衛翊府隊正長上，後遷右衛明光府果毅都尉，鮮于庭誨至此還只是禁軍的小頭領。接下來墓誌文載「頃者，疊生宮掖，動感雲雨。君子建侯之秋，聖德龍飛之日，公畢心禦寇，錫莫重焉」，[25]鮮于庭誨參與了一次宮廷政變，並在其中發揮了重要作用，從墓誌載鮮于庭誨的卒年及享年，可以推斷出他生於西元六五九年，那麼這次宮廷政變應為發生於西元七一〇年的唐隆政變，原因如下：一是唐隆政變中，禁軍倒戈是其中重要一環，韋后、安樂公主被禁軍斬殺；二是鮮于庭誨此後加官進爵，在其過世後玄宗還有制文頒發；三是唐隆政變時鮮于庭誨五十一歲，在年齡上符合。唐隆政變後，鮮于庭誨開始飛黃騰達，拜為雲麾將軍、布政府折衝，後遷為右領軍衛將軍，再遷為北軍使，掌管兵符，又加封為上柱國、北平縣開國公，食邑兩千戶。鮮于庭誨從品級來看屬從二品，另有食邑及勳階，可謂榮寵備至。在其去世後，玄宗下制嘉獎其功勞，贈右領軍衛大將軍，「賵襚器物，每優恆典」，[26]從其墓中出土的珍貴唐三彩駱駝載樂俑等，是唐三彩中的代表作，其地位可見一斑。

　　楊思勖墓誌於一九五八年西安東南郊駕坡村出土。楊思勖是玄宗

---

25 中國國家博物館：《中國國家博物館館藏文物研究叢書》（上海：上海古籍出版社，2017年），墓誌卷，頁140。

26 中國國家博物館：《中國國家博物館館藏文物研究叢書》（上海：上海古籍出版社，2017年），墓誌卷，頁140。

時期宦官名將，羅州大首領羅歷之子，開元年間，楊思勗先後平定了
嶺南地區數次叛亂，建立了赫赫戰功，同時其殘忍好殺，兩《唐書》
有傳。墓誌文中記載了楊思勗在中宗朝斬殺李多祚，加內常侍。其後
平梅玄成之叛，「公生擒玄成等二萬餘，斬諸賊首十萬級」，[27]《舊唐
書》則稱「盡誅其黨與，積尸為京觀而還」。[28]墓誌文中增加了「康愿
子以六胡州叛，公一鼓用兵，截然大定」，[29]覃行章叛亂、梁大海之
亂、澄州刺史陳行範叛亂，楊思勗皆率軍平定，並斬殺數十萬人。在
此，《舊唐書》與墓誌文所記史實皆能對應得上，但《舊唐書》所述
楊思勗事蹟，是以「為鑒戒云」[30]為目的，側重於描寫楊思勗的殘忍
好殺，而墓誌文以記載歌頌其功德為目的，即便是殘忍好殺，亦是其
功德的一個體現。在平定陳行範叛亂後，「及乎大君錫命，皆固辭不
受。主上高其獨行，制以贊之」，[31]這篇制文被完整地收錄在墓誌文
中。在楊思勗年老致仕時，玄宗手書制文，嘉獎其能和忠心。楊思勗
墓誌對於研究玄宗時期的軍事及內官具有重要價值。

　　烏氏墓誌為其長子坦所撰，因而墓誌文對其父母生平記載非常詳
細，同時感情非常真摯。烏氏為唐代中期名將烏重胤之嫡女。烏氏丈
夫為丹州刺史兼防禦使，在楊坦尚在襁褓中時，其父便「出入朱輪，
五佐雄藩，後作宰伊陽，課績居最」，[32]政績突出，因而獲得高官賞

27　中國國家博物館：《中國國家博物館館藏文物研究叢書》（上海：上海古籍出版社，
　　2017年），墓誌卷，頁146。
28　〔後晉〕劉昫：《舊唐書》（北京：中華書局，1975年），卷一八四，頁4756。
29　中國國家博物館：《中國國家博物館館藏文物研究叢書》（上海：上海古籍出版社，
　　2017年），墓誌卷，頁146。
30　〔後晉〕劉昫：《舊唐書》（北京：中華書局，1975年），卷一八四，頁4755。
31　中國國家博物館：《中國國家博物館館藏文物研究叢書》（上海：上海古籍出版社，
　　2017年），墓誌卷，頁146。
32　中國國家博物館：《中國國家博物館館藏文物研究叢書》（上海：上海古籍出版社，
　　2017年），墓誌卷，頁170。

識，「大中初，相國白公嘉先考為官政有奇能，云上求瘼甚切，不得蔽賢，須有甄賞」。[33]大中五年（西元851年）白敏中為使相出鎮，平黨項叛亂，因而此處「相國白公」應為白敏中。楊府君隨後「剖符文州，更任戎州。屬當州草賊蟻集雲屯，奔突境內，莫能制止。先考下車未期，秘密潛施，以兵一千斬虜梟，擒五千餘級。兩川宿患，此時一清。」[34]「兩川」即劍南道，當時劍南道被分為東西兩川，在劉闢之亂後，東川版圖大增，東西兩川並立局面形成。當時曾提攜過楊府君的白敏中為西川節度使，楊府君跟隨他屢建戰功，表現非常突出。在兩川平亂之後，楊府君「及政成歸于京輦，不日又除丹州。亦緣羌戎為寇，侵掠關輔。」在平定黨項的過程中，楊府君「天降大禍，終于偏郡」，在丹州過世。楊府君次子楊域自咸寧扶喪到洛陽，然而洛陽無業可依，其母烏氏勉力經營。在家財散盡之後，楊坦「苦力農喪，方辦葬用」，將母親安葬於父親舊塋處。從烏氏墓誌中，反映出唐代中晚期戰亂頻仍，顛沛流離的生存畫面，為研究中晚唐的軍事和生活提供了資料。

五　名人撰文

司馬垂墓誌誌文多達一千兩百餘字，文體規模宏大，內容豐富，不僅詳細記載了司馬垂的生平事蹟，而且記載了若干同時代其他人物事蹟，周錚先生對司馬垂墓誌進行了考證，一是指出墓誌的撰者應為李華，他作為唐代著名的文學家，開古文運動的先河，司馬垂墓誌為

---

33 中國國家博物館：《中國國家博物館館藏文物研究叢書》（上海：上海古籍出版社，2017年），墓誌卷，頁170。

34 中國國家博物館：《中國國家博物館館藏文物研究叢書》（上海：上海古籍出版社，2017年），墓誌卷，頁170。

李華所撰，更增添了墓誌的文學價值。二是詳細梳理了司馬邳到司馬垂的世系。三是司馬垂墓誌為瞭解郭虛己之死，獨孤問俗、顏真卿等人的事蹟，提供了重要資料。司馬垂墓誌中涉及到安史之亂的記載具有重要史料價值。

六　高門望族的世家譜系

裴逸墓誌墓誌誌蓋已失，且誌文又無首題，因而誌主姓氏不詳，據趙萬里先生考證，誌主姓裴，為裴蓋、裴秀之後，在《漢魏南北朝墓誌集釋》第二冊中，對誌文中涉及的地理、人物及脫文皆作考訂。

趙萬里先生對張受墓誌文中「轉賀若公開府兵曹參軍事」，對此處未稱賀若弼爵位而僅稱姓氏進行了考釋，並根據誌文中所記與《隋書》進行了對照印證。

蕭瑤墓誌館藏共有兩方：一方為貞觀十三年（西元639年）蕭瑤墓誌，這方墓誌是「吏人懷德，刊石立碑」；[35]一方為永隆二年（西元681年）蕭瑤與夫人杜氏墓誌，第二方墓誌是將蕭瑤靈柩與夫人杜氏合葬後所作，對第一方墓誌進行了補充。兩方雖非出土品，但其內容十分重要。蕭瑤屬於著名士族蘭陵蕭氏，其父為蕭巖，蕭巖是梁宣帝之子。合葬墓誌文載，蕭瑤大業十一年（西元615年）詔為荊州曲江縣令，但由於梁被隋滅，且荊州又是先王舊都，蕭瑤因而稱病未就。唐武德元年（西元618年）特敕授為吏部宣德郎，武德六年（西元623年）授亳州縣令。貞觀七年（西元633年）加通直郎，授滄州景城縣令，貞觀十二年（西元638年）秩滿還未返家即去世。夫人為京兆杜

---

35 中國國家博物館：《中國國家博物館館藏文物研究叢書》（上海：上海古籍出版社，2017年），墓誌卷，頁110。

氏之後，祖父慶為梁直閤將軍，父親寵為隋同昌郡怗夷縣長。蕭岩一
支入唐後的墓誌還有蕭茂本及妻王氏墓誌、蕭勝墓誌、蕭愉墓誌等，
再結合《舊唐書・蕭銑傳》，[36]可以對這一支蘭陵蕭氏齊梁房後裔在入
唐後的發展有整體認識。

　　墓誌文顯示張仁出自清河張氏，張氏尚有吳郡、范陽、敦煌等較
為有名的郡望，相比崔、盧、李、鄭、王五姓，張氏諸望皆屬於第二
流姓望。郭鋒通過對張氏四望在唐代的仕宦經歷，指出中唐之後，張
氏吳郡、范陽、敦煌三望逐漸衰落，清河張氏成為主導性郡望。[37]從
張仁墓誌文中，其祖父為北周南陽縣令，父親為隋荊州功曹。張仁大
業初開始做官，歷任蒲臺縣主簿、龍門縣丞、蒲津關令。其子在墓誌
刻成之時為將仕郎。張仁墓誌雖自稱出自清河張氏，對其近祖的追
溯，卻僅記載其官職，關於地望等重要訊息一概全無。張仁墓誌對他
自身官職及家族世系的記載，可以為我們研究地望與世系構建等問題
提供一定參考。這方墓誌的墓誌文較為特殊之處有以下兩點：一是對
其才華的極力贊頌，墓誌文稱其「文溢三冬，才過七步，遂得播名京
輦，調冠群僚，響振鈴衡」，即便「擢並州文水縣尉」，仍是「牛刀雖
屈，不勉甘心」；[38]二是在墓誌文中，明確指出其撰志目的，「勝地標
形，自堪記錄，只恐山岳變改，田海遷移，故勒斯銘」，[39]那便是標記
身分和永久地記載誌主的人生。

36　〔後晉〕劉昫：《舊唐書》（北京：中華書局，1975年），卷五十六〈蕭銑傳〉，頁
　　2263-2264。

37　郭鋒：《唐代士族個案研究——以吳郡、清河、范陽、敦煌張氏為中心》（廈門：廈
　　門大學出版社，1999年），頁179-201。

38　中國國家博物館：《中國國家博物館館藏文物研究叢書》（上海：上海古籍出版社，
　　2017年），墓誌卷，頁84。

39　中國國家博物館：《中國國家博物館館藏文物研究叢書》（上海：上海古籍出版社，
　　2017年），墓誌卷，頁84。

　　李氏為隴西狄道人，是唐畢王李璋的六代孫，李璋為唐高祖李世民四叔，李淵建立唐朝後，被追封為畢王。李氏祖父浚為同州司功，父親先為左千牛衛大將軍，李氏為其次女。「初，吾兄以釋褐參廣陵參事，而夫人哲兄宰邑淮南，官則同僚，情惟密友，詳聞懿範，遂歸于我」，[40]結親之後其夫靡職池陽，李氏卒於池州官舍，享年二十九歲。撰誌者為其夫孫氏的族弟前蘇州海鹽縣尉公胄。李氏墓誌對研究隴西李氏家族具有史料價值。

　　楊瑩墓誌由進士丁羲所撰。楊瑩為弘農華陰人，曾祖沖寂為唐司衛卿，祖愿為汝州刺史，烈考廙為太子右贊善大夫，楊瑩為其第四女。楊瑩歸於其舅父竇氏，「先舅早命，嚴親不違，女子有行，成人備禮，出自竇氏，復歸竇家，宣父所謂因不失親，亦可宗也」。[41]楊瑩「德行工容，真婦之表，重于親戚，不亦宜乎」，但由於太夫人之喪，楊瑩之後便「纏綿枕席」，在生子後去世，終於洛陽殖業里旅舍。楊瑩墓誌為研究弘農楊氏提供了資料。

　　崔攀出生於博陵崔氏，祖渾為監察御史，父孟孫威德州司戶參軍事，崔攀在十九歲時與滎陽鄭賓結親，但還未完成廟見便去世。她的墓誌中，其夫家著墨不多，去世亦是在叔祖東都留守官舍。

　　陳琮祖父伯謀為陳文帝蒨之子，關於這方墓誌的史料價值，王義康先生在《唐陳琮墓誌跋》[42]一文中進行了詳細論述，一是補校了《南史》、《陳書》的闕誤，主要是關於陳琮祖父伯謀的事蹟及官職；二是補《新唐書·宰相世系表》缺失；三是陳氏家族北遷後的籍貫問

40　中國國家博物館：《中國國家博物館館藏文物研究叢書》（上海：上海古籍出版社，2017年），墓誌卷，頁166。

41　中國國家博物館：《中國國家博物館館藏文物研究叢書》（上海：上海古籍出版社，2017年），墓誌卷，頁164。

42　王義康：《唐陳琮墓誌跋》，《文獻》2006年第4期。

題，墓誌文記載陳琮卒於舒州官舍，葬於洛陽縣平陰原，洛陽才是陳琮的真實籍貫。

杜秀出自京兆杜氏，杜氏被列為「關中郡姓」六大首望姓氏之一，其顯赫及興盛自漢魏綿延至隋唐。杜秀「因賜封疆，今為恆州石邑人也」，[43]恆州石邑即今石家莊市區，杜秀亦是葬於高遷村北，高遷村位於今石家莊市鹿泉市，有學者指出，京兆杜氏一系真正定居長安的人數似乎並不多，大多遷至洛陽、安陽一代，杜秀墓誌是研究京兆杜氏在隋唐時的遷徙與變動中的一個個案。

張方仁出自南陽張氏，墓誌文稱其「人物冠於一時，英靈傳於萬葉者也。」[44]這方墓誌較為特別之處有二：一是墓誌是以其子的口吻寫就，大部分墓誌稱誌主為「君」，張方仁墓誌則稱他為「父」，這種稱謂上的變化，可能是撰志人即為張方仁諸子中的一個；二是墓誌中在「曾祖」後有兩個空格，應該是待填曾祖名諱，《語石》中有：「六朝唐人造像、墓誌，有空格待填之例」，[45]墓誌在製作過程中，將祖先名諱、卜葬時地等留下空格待後再補。

根據墓誌文記載，王令為太原人，太原王氏是隋唐時期位列五姓的高門士族。王令墓誌對其近祖的追溯較為簡單，僅列其曾祖及祖父的官職，他們都是縣令或參軍等基層官員。王令其父未見記載，應為沒有官職的處士。王令本人頗有才學，「抱玉而成韻」，「乃登名於散秩，爰授儒林郎」，[46]夫人出自隴西李氏，從門第上來說屬於高門士族

---

43 中國國家博物館：《中國國家博物館館藏文物研究叢書》（上海：上海古籍出版社，2017年），墓誌卷，頁106。

44 中國國家博物館：《中國國家博物館館藏文物研究叢書》（上海：上海古籍出版社，2017年），墓誌卷，頁126。

45 〔清〕葉昌熾：《語石》（上海：上海書店，1986年），卷九，頁160。

46 中國國家博物館：《中國國家博物館館藏文物研究叢書》（上海：上海古籍出版社，2017年），墓誌卷，頁86。

之間通婚習俗的延續。對於撰志的原由，墓誌文載：「原野曠而霜歌切，煙霞晚而泉路深。敢名徽于玄石，庶美于埏陰」，[47]這種詩意的說法道出了墓誌的另一重作用，它是整體墓葬的一部分，為誌主的地下世界增添色彩。

七 佛教、道教對社會生活的影響

佛教對隋唐時期人們的精神世界和物質生活產生了深刻影響，這一點在墓誌中亦有反映。

一九五七年八月，李靜訓墓經過考古發掘，出土了一批金銀玉器、瓷器、玻璃器等，墓葬規模不大但葬制奇特，隨葬品極其豐富，許多精品成為隋代考古文物的代表性文物。其中出土的墓誌交代了墓主身分及事蹟，正是從這方墓誌中，我們得以瞭解這座墓葬的主人為李靜訓，自幼為外祖母北周皇太后楊麗華所養育，離世時年僅九歲，同年十二月葬於京城萬善尼寺，其墓誌載「即于墳上構造重閣，遙追寶塔，欲髣髴于花童；永藏金地，庶留連于法子」，[48]李靜訓之所以選擇萬善尼寺作為葬地，具有超度其靈魂的意義，其墓誌中的「寶塔」、「花童」、「法子」等用詞，也無不體現佛教文化在墓葬中的影響。

張琛對趙宗墓誌進行了補正，指出以下幾點：一是墓誌首行題「大唐萬年宮□監農圃監監事趙君墓誌銘并序」，結合毛漢光先生的研究及《唐六典》等史料，認為其中缺字應為「總」；二是誌文中「中軍大將」應為「中軍元帥」、「亮州盤和縣」應為「涼州番禾縣」、「北齊」為「北周」、「萬物咸觀」為「萬物咸睹」、「壬戌」為

---

47 中國國家博物館：《中國國家博物館館藏文物研究叢書》（上海：上海古籍出版社，2017年），墓誌卷，頁86。

48 中國社會科學院：《唐長安城郊隋唐墓》（北京：文物出版社，1980年），頁25。

「庚申」。[49]除此之外，墓誌文對談及趙宗墓葬中有「兩卷《老子》，一卷《孝經》」，[50]說明對道家與儒家的推崇在日常生活中並行不悖。從趙宗父祖的官職來看，他們是縣令或司功一類的基層官吏，趙宗所任的萬年宮總監下的農圃監監事，屬於流外官五品以下。從官職來看，雖然趙宗家族屬於低級官吏，但能較為穩定地維持下去。

　　嚴氏墓誌為民國時期洛陽出土墓誌。其名字字跡不清，無從知曉。從其字「真如海」來看，嚴氏信奉佛教，「夫人深悟因緣，將求解脫，頓味禪寂，克知泡幻，數年間能滅一切煩惱，故大照和上摩頂授記，號真如海」。[51]嚴氏出於官宦之家，其曾祖隱為光州樂安縣尉，祖果為游擊將軍，父利貞為青州博昌縣令，嚴氏為其第三女。嚴氏共有七子，撰誌人為「大理評事馬巽」。

八　墓誌對女性的記載

　　館藏墓誌中有數方上世紀五〇年代集中入藏的北朝大姓封氏家族成員墓誌，其中王楚英墓誌和崔長暉墓誌屬於隋代墓誌，關於它們的文獻價值，趙超先生在〈中國國家博物館藏北朝封氏諸墓誌彙考〉[52]一文中有詳細闡述，主要有以下幾個方面：一是這兩方墓誌皆是與封氏家族聯姻的女性墓誌，反映了北朝大族封氏的聯姻情況；二是兩方墓誌詳細記載了她們的子女情況，為進一步的研究提供了文獻材料。

　　薛淑作為女性，其墓誌具有不同於男性的敘述特點。「教始公

49　張琛：《河南洛陽出土唐趙宗墓誌銘考釋》，《暨南史學》2014年第1期。

50　中國國家博物館：《中國國家博物館館藏文物研究叢書》（上海：上海古籍出版社，2017年），墓誌卷，頁76。

51　中國國家博物館：《中國國家博物館館藏文物研究叢書》（上海：上海古籍出版社，2017年），墓誌卷，頁152。

52　趙超：〈中國國家博物館藏北朝封氏諸墓誌彙考〉，《中國歷史文物》2007年第2期。

宮，配成君子，昭組紃之事業，懷瑰琰之貞心，娣姒欽其母儀，內外
高其仁行」，[53]薛淑墓誌除了記載她的生平和品行高尚，還記載了她為
許州長葛縣令的嗣子。

源內則為河南人，其家族非常顯赫，曾祖愔為唐朝度支侍郎，祖
行莊為兵部員外郎，父杲為隨州刺史。源內則為源行莊長女，未及笄
便適弘農楊璡，楊璡為尉氏縣尉。源內則享年六十七，「夫人遺命薄
葬，愿陪考妣之塋域，不忘本也」，[54]可見當時喪葬觀念還是較為開
放，女子祔葬娘家祖塋是被允許的。

支氏小娘子墓誌為鄉貢士陳晝所撰。支氏小娘子於東都永泰里去
世，享年十九歲。高祖敏為唐朝廣州司馬，曾祖光為江州尋陽丞，祖
父成累贈殿中監，嚴考竦為鴻臚大卿。母親為清河崔氏，封清河郡夫
人，支氏小娘子有兄弟十二人，四人早亡，八人在世。支氏小娘子她
的離世讓父母兄弟悲痛欲絕。支氏小娘子墓誌對研究唐代在室女的生
活狀態具有參考價值。

九　隱逸之士

程逸為河南人，祖父程歆北周時為幽州薊縣丞，父親程暠為隋朝
潞州司功參軍。程逸一生未仕，墓誌文載其「貞邁方流，鑒符圓折。
清襟外暎，沖檢內□。考白賁以居心，仰青霞以栖景。情怯狎翔庭之
鳥，志樂別游濠之鱗。」[55]極言誌主逍遙灑脫的逸士生活。

53 中國國家博物館：《中國國家博物館館藏文物研究叢書》（上海：上海古籍出版社，
　2017年），墓誌卷，頁142。

54 中國國家博物館：《中國國家博物館館藏文物研究叢書》（上海：上海古籍出版社，
　2017年），墓誌卷，頁150。

55 中國國家博物館：《中國國家博物館館藏文物研究叢書》（上海：上海古籍出版社，
　2017年），墓誌卷，頁94。

　　樂歸作為終身未仕的處士，墓誌文中將其塑造為一個既尊崇孝道，又超然脫俗的儒者形象：「君以克嗣高門，發揮潛慶，總括羽而成業，踐孝政以為心。楊烏之預太玄，含章之思彌遠。孔鯉之聞大禮，將聖之道攸傳。遂能不事王侯，嚴子得栖居之趣。」[56]

　　董文為隴西成紀人，其祖父董武，在唐朝任車騎將軍，父親董師「高道不士，脫屣騰驤，振輕衣而獨舉；居心杜若，王侯莫之能屈」。[57]其父已為不出仕的處士，董文亦是如此。關於撰誌目的，其誌記載原因有二：一是標記墓葬，「恐人代之超忽，陵谷遷變，故勒思銘，永記泉門之號」；二是為其地下生活增添色彩，「庶使魂游東岱，無愧殷輝，神往西山，豈謝黃香之操。」[58]

　　諸葛明愍及其夫人韓氏墓誌由端方舊藏，一九五二年姚鑒捐出。曾祖良卿為北齊將仕郎，祖君尚為漠州長史。諸葛明愍「樂道丘園，逍遙風月，池臺蔭德，琴酒攄懷，放曠閑居，釋悶而已」，[59]夫人韓氏與他先後離世，有子諸葛嘉亮及女兒大娘等。其墓誌詞共有兩個。

第二節　館藏墓誌的形制

　　墓誌的內容依賴於誌石作為載體，墓誌誌石的形制從墓磚、墓碑演變而來，經歷南北朝時期的不斷發展，唐初方形盝頂盒墓誌形制逐

56　中國國家博物館：《中國國家博物館館藏文物研究叢書》（上海：上海古籍出版社，2017年），墓誌卷，頁98。

57　中國國家博物館：《中國國家博物館館藏文物研究叢書》（上海：上海古籍出版社，2017年），墓誌卷，頁100。

58　中國國家博物館：《中國國家博物館館藏文物研究叢書》（上海：上海古籍出版社，2017年），墓誌卷，頁100。

59　中國國家博物館：《中國國家博物館館藏文物研究叢書》（上海：上海古籍出版社，2017年），墓誌卷，頁156。

漸固定下來，成為此後墓誌的主要形制。由於墓誌是由墓磚、墓碑演變而來，在一些特殊形制的墓誌上，依然能體現出墓磚或墓碑的某些特點。

館藏隋代墓誌都是正方形誌石，具有誌蓋和誌身兩部分。誌蓋有盝頂式與正方形兩類，李靜訓墓誌誌蓋為正方形，姬威墓誌誌蓋為盝頂式。趙超先生指出，隋代墓誌誌蓋大多承襲北朝末期墓誌風格，在誌蓋上劃出方格，在格子內刻寫篆書誌名，誌蓋四殺上有時會刻四象、忍冬等紋飾。[60]

館藏唐代墓誌尺寸較隋代墓誌有所增大，且出現了兩方異形墓誌：杜秀墓誌和夏侯法寶墓誌。這兩方墓誌皆為圓首碑形墓誌，這種形制源於墓碑對墓誌的影響，其中夏侯法寶墓誌正、側、反三面皆有刻字，杜秀墓誌無首題，額題「大唐故御史杜君墓誌之銘」，夏侯法寶墓誌無額題，首題「唐故處士上柱國夏侯君墓誌銘并序」。這兩方墓誌說明墓碑對墓誌影響之深遠。

館藏墓誌之紋飾主要有以下幾種：

一是忍冬紋。這種紋飾在北朝石刻中就已經出現，在中亞、西亞的古代藝術中廣泛使用。在一九五四年郭家灘出土的姬威墓誌，誌蓋四周環刻四神像，側刻忍冬紋。唐代的獨孤思貞墓誌誌蓋、鮮于庭誨墓誌誌石四邊皆有忍冬紋。

二是蔓草紋。蔓草紋是在忍冬紋基礎上改動而成，其葉片更細，顯得更為華麗。館藏獨孤思敬墓誌誌蓋四剎及誌石四邊皆有蔓草紋。

三是連珠紋。連珠紋源自西域，它由一個個小圓環組成，單個圓環形成連續圖案，它往往結合其他紋飾一同使用。即為墓誌誌蓋頂部題銘以聯珠紋為界格，四剎四神外又有一周聯珠紋。

四是四象紋。這是中國傳統紋飾，具有宗教含義。四象是指東方

---

60 趙超：《中國古代墓誌通論》（北京：紫禁城出版社，2003年），頁149。

青龍、西方白虎、南方朱雀、北方玄武，既有代表宇宙的含義，又有辟邪的作用。在隋唐時期在墓誌的盝頂上比較多見，姬威墓誌、鮮于庭誨墓誌、楊思勗墓誌、內侍雷府君夫人宋氏墓誌誌蓋四殺上皆刻有四象紋。

五是牡丹花紋。牡丹花紋興起於武后晚期，一直延續到中晚唐時期，它往往刻於墓誌誌蓋的四殺上，再和其他雲朵等結合使用，支氏小娘子墓誌，誌蓋四剎鐫刻牡丹花紋。

六是十二生肖紋。這是中國傳統紋飾，以十二種動物代表十二地支，它具有和四象紋相似的功能，往往與四象紋配合使用。姬威墓誌誌石四側都刻有十二生肖，並襯以雲氣紋。

第三節　館藏墓誌的書法價值

隋代書法處於楷書法度化的開始階段，因而具有從魏碑向唐碑轉化的特點。李靜訓墓誌中，其楷書摻雜隸書筆法，張受墓誌、裴逸墓誌、白仵貴墓誌皆有魏碑遺風，這顯示隋代墓誌楷書依然受魏碑影響甚深。隋代不少墓誌以隸書書寫，王楚英墓誌、崔長暉墓誌、姬威墓誌皆是隸書寫就，同時摻雜一些楷書的筆法。

唐代墓誌中絕大多數為楷書，但其中字體多樣化，如解徵墓誌雖為楷書但風格接近北朝墓誌，支氏小娘子墓誌則受魏碑影響較深。

唐代隸書墓誌館藏有兩方。一是崔誌墓誌，其法度嚴謹，長畫飄逸；二是董虔運墓誌，其筆法純熟，個別字以篆體寫成。館藏行書墓誌有夏侯法寶墓誌，本文後有詳細論述。

鮮于庭誨墓誌一九五七年出土於西安南郊何村。誌蓋頂部四周刻寶相花紋飾，四剎刻四神像，並以纏枝卷草紋裝飾其中。墓誌誌石四邊亦刻有纏枝卷草紋。

第四章
國家博物館藏墓誌個案分析

第一節　唐代獨孤思敬及夫人墓誌考辨

　　現藏於中國國家博物館的唐代獨孤思敬及其夫人元氏墓誌，詳細記載了這位唐代中級官員的生平、世系、宦游經歷及婚姻狀況。獨孤思敬是獨孤永業一支的後裔，家族恩蔭及層層關係不僅為獨孤思敬提供了入仕門路，也對其官職調遣產生了重要影響。思敬經歷了六次遷轉後，官至定王府掾，散階從五品，思敬幾乎一直都在任上，沒有經過長期待選，反映了守選制度由萌芽到成熟過程中產生的混亂現象。思敬元配洛陽元氏，繼室弘農楊氏，皆為世家大族，反映了當時普遍重視門第出生的觀念。獨孤氏家族入唐後經歷了由武向文的轉變，思敬也是這一轉變的其中一環，從仕宦中由武官向文官轉變、家族聯姻中重視與傳統士族的結合，可見獨孤思敬時期已經開始了家族轉型，到獨孤及時期，獨孤氏徹底轉向了文學之家，這種轉型是幾代人努力的結果。

　　獨孤思敬及其夫人元氏墓誌現藏於中國國家博物館。早在一九五六年獨孤思敬及其夫人元氏、繼室楊氏的墓誌便已發掘出來，這一批一同被發掘出來的還有其同祖兄弟獨孤思貞的墓誌。獨孤氏家族作為魏晉南北朝及隋唐時期舉足輕重的世家大族，學界對其家族的研究層出不窮，主要集中在家族起源問題和家族與政治的聯繫，[1]對於獨孤

1　關於獨孤氏家族的研究，可以參考姚薇元：《北朝胡姓考》（北京：中華書局，1962年）；宋德喜：《關隴集團中的代北外戚家族研究——以獨孤氏及竇氏為例》（臺

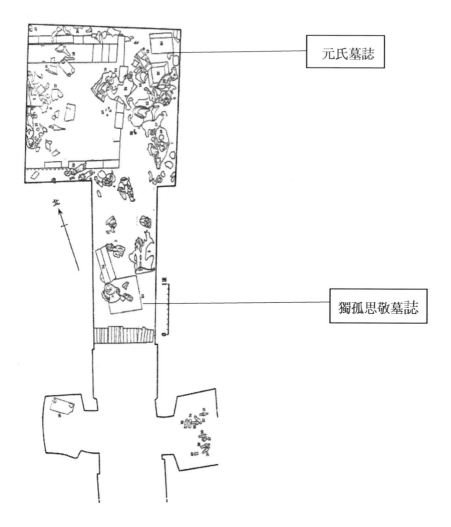

元氏墓誌

獨孤思敬墓誌

圖一　獨孤思敬墓誌平面圖及墓誌位置

（《唐長安城郊隋唐墓》，頁45，圖27）

北：臺灣大學歷史研究所博士學位論文，1991年）；田余慶：《拓跋史探》（北京：
生活・讀書・新知三聯書店，2003年）；吳洪琳：〈關於中古時期獨孤氏的幾個問
題〉，《唐史論叢》第二十輯；龍成松：〈中古胡姓家族研究──以族源、地域、文
化為中心〉（武漢：武漢大學博士學位論文，2016年）；胡玉春：〈獨孤部族源考〉，
《內蒙古社會科學》（漢文版）2014年第4期。

氏家族入唐後的變遷研究成果較少。[2]獨孤思敬及其夫人元氏墓誌文收於《唐長安城郊隋唐墓》、《唐代墓誌彙編》[3]、《中國國家博物館館藏文物研究叢書・墓誌卷》[4]等著錄中，它們多作為資料性的說明出現在學者的論文中，但始終沒有被專門論述過。本文試從獨孤思敬墓誌及其夫人墓誌中，還原出以他為代表的這一社會階層的人生軌跡，將其置於當時時代下加以考察，以期揭示盛唐時期胡姓大家族社會地位升降、文官職守升遷、家族聯姻等問題。

圖二　獨孤思敬墓誌誌蓋

（《中國國家博物館館藏文物研究叢書・墓誌卷》，頁131，圖57〔1〕。）

2　關於入唐後獨孤家族研究，可以參考祖雙喜：《唐代獨孤氏家族研究》（南投：南開大學碩士論文，2007年）；金晶《獨孤及研究》（長春：黑龍江大學博士學位論文，2014年）；郭樹偉：〈獨孤及與獨孤家族對中原文化的接受研究〉，《中州學刊》2017年第12期。

3　周紹良、趙超：《唐代墓誌彙編》（上海：上海古籍出版社，1992年），頁1102、1103。

4　中國國家博物館：《中國國家博物館館藏文物研究叢書》（上海：上海古籍出版社，2017年），墓誌卷，頁130-133。

圖三　獨孤思敬墓誌

（《中國國家博物館館藏文物研究叢書・墓誌卷》，頁132-133，圖57〔2〕。）

圖四　元氏墓誌誌石拓片

（《中國國家博物館館藏文物研究叢書・墓誌卷》，頁125，圖54。）

一　獨孤思敬及其夫人元氏墓誌出土概況

獨孤思敬是盛唐時的一位中級文官，卒於景龍三年（西元709年）八月，由於其生年無考，無法確知去世時他的年紀。獨孤思敬夫人為河南元氏，魏州刺史義端之女，卒於儀鳳二年（西元678年）八

年，享年二十七歲。獨孤思敬夫婦二人墓誌均出土於陝西省西安市東
北郊，墓地西臨灞河，東傍驪山，漢文帝的霸陵即在墓地西南，兩方
墓誌現收藏於國家博物館，誌石保存完好、字跡較為清晰，出土時均
有誌蓋。[5]其墓葬因遭盜掘，隨葬器物大多已經殘破，並擾亂了器物
位置，其發掘簡報有〈西安郊區三個唐墓的發掘簡報〉[6]和《唐長安
城郊隋唐墓》[7]。獨孤思敬墓誌誌蓋有篆書「大唐獨孤府君墓誌銘」，
誌蓋呈盝頂式，誌蓋四剎與誌石四邊刻蔓草紋；元氏墓誌誌蓋呈盝頂
式，四邊刻卷草花紋，誌蓋無字。獨孤思敬誌石長寬皆為六十七點五
釐米；楷書誌文三十一行，滿行三十二字，共計九六六字，墓誌首行
題「大唐故朝散大夫行定王府掾獨孤府君墓誌銘并序」，誌石因部分
損毀，個別字無法辨認，字體筆法流暢，已帶有行書之筆意。元氏墓
誌長寬各為四十六點八釐米；誌文二十三行，滿行二十三字，共計五
〇一字，誌文皆楷書，兼用武則天新制字，墓誌首行題「大周定王府
掾獨孤公故夫人元氏墓誌銘并序」。獨孤思敬和元氏墓發掘於一九五
六年十二月，一同被發掘的還有相距僅十米的獨孤思敬繼室楊氏墓
誌，楊氏卒於垂拱三年（西元687年），於長安三年（西元703年）和
元氏同時遷葬於此地。

　　在獨孤思敬墓誌西側二十九米處，於一九五八年發掘出其同祖兄
弟獨孤思貞墓誌，出土時誌和蓋合起來，誌蓋為盝頂式，刻有篆文
「大周故朝議大夫行乾陵令上護軍公士獨孤府君墓誌銘并序」，四周
陰刻忍冬紋。誌石長寬皆為七十一點五釐米，誌文為楷書，兼用武則

5　元氏墓誌誌蓋在發掘簡報均有記載，然國博館藏並無元氏墓誌誌蓋，疑該誌蓋還保
　　存在陝西省文物單位。
6　馬得志、張正齡：〈西安郊區三個唐墓的發掘簡報〉，《考古通訊》1958年第1期。
7　中國社會科學院考古研究所：《唐長安城郊隋唐墓》（北京：文物出版社，1980年），
　　頁48-50。

天新制字，誌文共二十五行，每行二十五字。《唐長安城郊隋唐墓》
著錄誌文並有圖版，《唐代墓誌彙編》[8]也據此錄其誌文。

二　獨孤思敬家世、任職及婚姻狀況

（一）家世出身對獨孤思敬仕途的影響

　　根據獨孤思敬墓誌文的記載，獨孤思敬曾祖子佳，北齊直閣將
軍、假都督華州刺史、武安郡公、儀同大將軍，隨淮州刺史。祖父義
順，李淵稱帝起兵後，義順被授為大將軍司兵參軍、戶部侍郎、太僕
卿、光祿大夫。父親為元愷，為尚書主客、度支、吏部三曹郎中，給
事中、大理少卿。獨孤思敬及其同祖兄弟獨孤思貞史書無傳，獨《新
唐書‧宰相世系表》列其名，結合世系表及墓誌文記載，將獨孤思敬
家族世系同列如下：

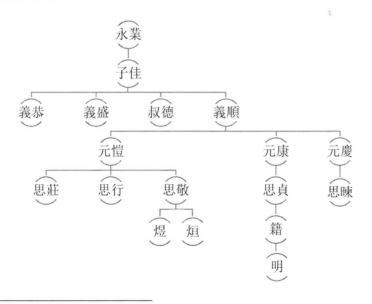

8　周紹良、趙超：《唐代墓誌彙編》（上海：上海古籍出版社，1992年），頁1102-1103。

關於獨孤氏起源，姚薇元先生總結出兩個版本，都是將獨孤氏起源與劉姓掛鈎：一是獨孤氏本為劉氏，出自東漢沛獻王，持這一說法有《新唐書·宰相世系表》及獨孤家族墓誌、墓表文；二是其先人娶東漢公主，從母姓為劉氏，《元和姓纂》持此說。姚氏認為這兩種說法都不對，獨孤氏應為匈奴部屠各種。[9]十六國時期不少內遷的北族開始將族源追溯到中原望族之下，亂世中社會的動蕩及重視門第的風氣使得這種現象非常普遍，獨孤氏也概莫例外，約在曹魏時期有改姓為劉的情況，如劉猛、劉元海等人，皆是獨孤氏改姓而來。[10]北朝隋唐時期，獨孤氏家族較為活躍的主要有三支，分別是獨孤信一支、獨孤永業一支、獨孤屯一支（本姓李，被獨孤信賜姓獨孤，此後反覆改姓）。獨孤思敬便為永業這一支的後人，獨孤永業在《北齊書》中有傳，按史書記載，獨孤永業本姓劉，中山人，母親改嫁獨孤氏，幼年隨母養育於獨孤家，在軍隊中由於表現突出被提拔為定州六州都督，後得世宗賞識，天保初年為中書舍人，豫州司馬。乾明年間為洛州刺史，永業治邊頗有政績，善用兵，甚有威信，河清三年（西元564年）在與北周的戰爭中頑強抵抗，發揮重要作用。武平三年（西元572年）出任北道行太僕射、幽州刺史，不久又為洛州刺史，用計擊退了周武帝的親征。七年（西元576年）晉州戰敗後降於北周，周武帝授其為上柱國，後又升為襄州總管。大象二年（西元580年）被崔彥穆殺害。[11]其後「永業家自理得雪，彥穆坐除名」，[12]其冤屈被洗刷。縱觀獨孤永業的一生，他因軍事才能突出而成為鎮守一方的大將，在大勢已去後歸降北周，在北周又由於被猜忌而枉死。

9　姚薇元：《北朝胡姓考》（北京：中華書局，1962年），頁38-42。

10　周偉洲：《漢趙國史》（桂林：廣西師範大學出版社，2006年），頁2。

11　〔唐〕李百藥：《北齊書》（北京：中華書局，1972年），卷四十一，頁544-545。

12　〔唐〕令狐德棻等：《周書》（北京：中華書局，1971年），卷三十六，頁641。

　　獨孤思敬墓誌中對家族世系的梳理是從曾祖子佳開始的，這種處理方式同樣見於在獨孤思貞墓誌文中。為何建立功業正史都有傳記的重要先人不見於其世系書寫中？究其原因，筆者認為，將獨孤永業書寫進世系中，便無法迴避正史中他本姓劉的事實，而這與墓誌中的世系書寫是相矛盾的：「君諱思敬……漢光武之後。桓靈末，有劉卑為北地中郎將，鎮桑乾，屬後魏。平文帝將圖中夏，因率眾獨歸之，因錫姓獨孤氏。」[13]有學者指出，正史中對胡姓家族「隨母姓」的族源敘事是一種胡族「暗示」，是其後人竭力要規避的。[14]

　　從墓誌文所列官職來看，獨孤思敬的近祖經歷了從武官到文官的轉型。思敬的祖父義順先是被授為大將軍司兵參軍，後又為太僕卿加光祿大夫，為從二品文階散官，從墓誌文對他的描述：「張燈天府，逾陳群之辯達；鳴玉夏卿，方石慶之周慎。事留臺閣，名勒旗常」。[15]以陳群、石慶這樣的治世能才類比，突出了義順的政治才幹。思敬的父親元愷任「尚書主客、度支、吏部三曹郎中」，[16]尚書省掌管政令的推行，將中書門下制定的政令轉發到中央各部及地方州縣，還要根據政令處理一般行政事務，《通典》概括其為「統會眾務，舉持綱目」。[17]尚書省的官署位於中書、門下二省之南，因而又稱「南省」、「南宮」，墓誌文中「南宮起草」所指便是此意。尚書省其下有六部，每部四

13　中國國家博物館：《中國國家博物館館藏文物研究叢書》（上海：上海古籍出版社，2017年），墓誌卷，頁130-133。

14　參見龍成松：《中古胡姓家族研究——以族源、地域、文化為中心》（武漢：武漢大學博士學位論文，2016年），頁139。

15　中國國家博物館：《中國國家博物館館藏文物研究叢書》（上海：上海古籍出版社，2017年），墓誌卷，頁130-133。

16　中國國家博物館：《中國國家博物館館藏文物研究叢書》（上海：上海古籍出版社，2017年），墓誌卷，頁130-133。

17　〔唐〕杜佑撰，王文錦等點校：《通典》（北京：中華書局，1988年），卷十九，頁462。

司，共為二十四司，其中「六部尚書，兵部吏部為前行，刑部戶部為中行，工部禮部為後行」，[18]具體到官員升遷，一般次序為工、禮、刑、戶、兵、吏，元憕的任職也是符合這一次序的，先是由禮部的主客司到戶部的度支司再到吏部任職，其中諸司郎中皆為從五品上，只有吏部郎中為正五品上。吏部掌管銓選和官員的考課等事宜，這時的科舉考試也由吏部主持，[19]吏部郎中掌管文官的品秩任命、散階升遷、俸祿節假等事宜及流外官的選任。元憕之後任給事中，這是門下省的重要官職，秩從五品上，白居易有言：「給事中之職，凡制敕有不便于時者，得封奏之；刑獄有未合于理者，得駁正之；天下冤滯無告者，得與御史糾理之；有司選補不當者，得與侍中裁退之。」[20]簡而言之，給事中具有諫官、監察、法官的某些特徵於一身，因而其人選非常重要，須有剛正不阿的品性。元憕在給事中之後任職大理少卿，品秩為從四品上，大理寺為唐代最高審判機關，負責百官犯罪、地方死刑案件的重審等。

依墓誌文可知，獨孤思敬出身於遠祖武將起家、近祖為文職高官的世家，成長於這種家庭環境的獨孤思敬，必定從小即受到良好的文化教育。獨孤思敬墓誌文中稱獨孤思敬「公承累葉之洪烈，吸兩儀之淳懿。修身踐行，無違于禮義之經；奉上事親，必由于忠孝之域。爾其為器也，岳秀川淳；觀其為道也，蘭芬桂馥。」這裡突出了獨孤思敬的家庭對他的三個影響：一是不但繼承了獨孤家族的優良家風，對於母親家族的美德也有良好的繼承，突出了孝親的美德；二是熟知經傳和禮儀，重視個人道德修養。

---

18 〔唐〕王溥撰：《唐會要》（北京：商務印書館，1936年），卷五十七，頁989。

19 開元二十四年（西元736年）移歸禮部主持。

20 〔唐〕白居易著，顧頡剛校點：《白居易集》（北京：中華書局，1979年），卷四十八，頁1010。

　　唐代人入仕途徑有科舉考試、門蔭、流外入仕、行伍入幕等等。[21]
對於思敬這樣出身五品以上中高級官員的子弟，他可以通過門蔭獲取
做官的資格。獨孤思敬墓誌文稱「初以門調任左親衛」，說明思敬是以
門蔭任左親衛。三衛（親衛、勳衛、翊衛）的衛官往往是五品以上官
家子弟的解褐之職，《舊唐書》中說：「若以門資入仕，則先授親勳翊
衛，六番隨文武簡入選例。」[22]按照一般的情況，他在此需歷練大約
六年時間，到二十多歲時，便可參加銓選，獲得正規官職。[23]

　　通過門蔭入官的比重在唐代是逐漸下降的，但其所占比重仍是相
當大的，有學者統計出兩《唐書》及墓誌材料中以蔭入仕者占官員總
數百分之二十一，[24]其中玄宗以前中高級官員大多出自門蔭，史載「武
德、貞觀世重資蔭」，[25]高宗時「貴戚子弟，例早求官，髫齓之年，已
腰銀艾，或童卝之歲，已襲朱紫。弘文崇賢之生，千牛輦腳之類，課
試既淺，藝能亦薄，而門閥有素，資望自高。」[26]可見在唐代前期以
蔭入官者的地位比較高，有相當大的比例可以躋身中高級官員。

（二）以蔭補入仕到中層文官

　　根據獨孤思敬墓誌文記載，獨孤思敬在蔭補左親衛之後又經歷了
六次遷轉，最後官至定王府掾。獨孤思敬所任官職反映出唐代前中期

21 張國剛：《唐代官制》（西安：三秦出版社，1987年），頁139。

22 〔後晉〕劉昫等：《舊唐書》（北京：中華書局，1975年），卷四十二《職官志一》，
　　頁1804。

23 賴瑞和：《唐代基層文官》（臺北：聯經出版事業公司，2005年），頁436。

24 毛漢光：《唐代統治階層的社會變動》（臺北：政治大學研究所博士學位論文，1968
　　年），頁304。

25 〔宋〕歐陽修、宋祁：《新唐書》（北京：中華書局，1975年），卷四十九上《百官志
　　四上》，頁1281。

26 〔後晉〕劉昫等：《舊唐書》（北京：中華書局，1975年），卷八十七〈魏玄同傳〉，
　　頁8251。

中下級文官的職任狀況，有關於下級文官的任職情況史書中所記不詳，通過墓誌我們可以補充這方面的認識。

儀鳳二年（西元677年）獨孤思敬被授為慶州司戶參軍事，四年秩滿後，獨孤思敬任宣州溧水縣丞，又遷為蜀州司倉參軍事。慶州為中都督府，「本弘化郡，天寶元年曰安化，至德元載更名……戶二萬三千九百四十九，口十二萬四千二百三十六。縣十。」[27]中都督府的司戶參軍事，其官階為正七品下，獨孤思敬解褐即被授予這樣的官職，在當時是相當不錯的。以都督府或都護出身的參軍，賴瑞和先生對他們仕途的共同點總結如下：一是出生在官宦家庭，祖上幾代都做過官；二是一釋褐，到任之處便都離鄉很遠；三是後來大半生都在漂泊做官。[28]實際特徵當然很多唐代官員都是如此，但對照獨孤思敬的一生來看，也是基本符合的。

縣級官職的品級與縣的等級相掛鈎，唐代對縣的劃分採取戶口與地理位置相結合的原則，以戶口多寡將縣劃分為上縣、中縣、中下縣、下縣，結合地理位置在此基礎上又有赤、畿、望緊的區分。

永淳二年（西元683年）獨孤思敬在蜀州司倉參軍事任滿之，被授為皇孫府主簿，這是唐高宗為太孫李重潤設置的府署，由於新舊《唐書》對唐高宗是否確實設立皇太孫府署記載存在差異，學界對此仍存在爭議。獨孤思敬的墓誌正可為此提供佐證，墓誌文記載：「帝子開藩，式隆于磐石；府僚推擇，必佇于盛才。瞻言茂器，允符英選。尋授宋州楚丘縣令。」從中我們可以看出，他在皇孫府主簿之位上很快便被外調，其原因是隨著中宗李顯被貶為廬陵王，皇太孫被武

---

27 〔宋〕歐陽修、宋祁：《新唐書》（北京：中華書局，1975年），卷三十七《地理一》，頁969。

28 賴瑞和：《唐代基層文官》（臺北：聯經出版事業公司，2005年），頁173。

后廢為庶人，太孫府自然也就解散了。[29]

宋州楚丘縣為緊縣，[30]「上縣令其品從六，望緊同之」，[31]楚丘縣令品級為從六品，其職責包括「掌導揚風華，撫字黎氓，敦四人之業，崇五土之祠，養鰥寡、恤孤窮，審查冤屈，躬親獄訟，務知百姓之疾苦。」[32]從墓誌中也可得到佐證，「澆風化為敦厚，示之以典刑……仲尼所謂善人之邦者矣。」[33]獨孤思敬在任上敦化風俗，執掌典刑，這些正是唐代縣令的主要職掌內容。

在楚丘縣令任期結束後，獨孤思敬成為定王府掾，其官秩為正六品上，掌通判功曹、倉曹、戶曹事。定王即武攸暨，尚太平公主，是當時政治上的風雲人物。這一任官職帶給獨孤思敬的不但有品秩上的提高，他還由此一躍成為京官，墓誌文「入燕王之邸，坐陟高臺」便指出思敬在京城有了邸舍，這在當時對於一個緊縣縣令來說是非常難得的機遇。武攸暨獲封定王，其祖父世讓獲封楚王，因而獨孤思敬也曾到楚國，「游楚國之庭，嘗斟醴酒」。

長安三年（西元703年）獨孤思敬加封朝散大夫，這是從五品下的散官，相比於其職事官等級升了一階，至此獨孤思敬走到了其仕途的終點，景龍三年（西元709年）在京師的家宅中去世。

唐代的職官制度已經相當成熟，從官員的銓選、守選、任職、考

---

29 更詳細的論證參考拜根興、侯振兵：〈唐高宗立太孫府關聯問題考釋〉，樊英峰主編：《乾陵文化研究》（西安：三秦出版社，2010年），第五卷。

30 〔宋〕歐陽修、宋祁：《新唐書》（北京：中華書局，1975年），卷三十八〈地理二〉，頁990。

31 〔宋〕王欽若：《冊府元龜》（北京：中華書局，1960年），卷七〇一〈令長部〉〈總序〉，頁8357。

32 〔唐〕李林甫等撰，陳仲夫點校：《唐六典》（北京：中華書局，1992年），卷三十，頁753。

33 中國國家博物館：《中國國家博物館館藏文物研究叢書》（上海：上海古籍出版社，2017年），墓誌卷，頁130-133。

課、遷轉等方面都有嚴格規定。唐代六品以下的官員大都要經歷待選的階段，儘管學界關於守選制度的具體內容有所爭論，但盛唐時期州縣官員需要守選不成疑問。[34]唐代官員每任一官，其任期一般為四年，任滿或其他原因罷官後，便處於守選期，五品及以上可直接授官，六品以下歸吏部，他們往往需要守選幾年後，才能再次獲得吏部銓選的資格，依據試判和考績情況授予相應官職。守選制度的正式推行始於開元中後期，據《通典》載：

> 自高宗麟德以後，承平日久，人康俗阜，求進者眾，選人漸多。總章二年，裴行儉為司列少常伯，始設「長名姓歷榜」，引銓注之法；有定州縣官資高下升降，以為故事。其後莫能革焉。至玄宗開元中，行儉子光庭為侍中，以選人既無常限，或有出身二十餘年而不獲祿者，復作「循資格」，定為限域。凡官罷滿以若干選而集，各有差等，卑官多選，高官少選，賢愚一貫，必合乎格者，乃得銓授。自下升上，限年躡級，不得逾越。[35]

守選制度的推行可以追溯到總章二年（西元669年），當時人多官少的矛盾便開始顯露，裴行儉設「長名姓歷榜」，「定州縣官資高下升降」，其後一直沿用直至開元年間守選制度正式確立。

獨孤思敬的任職時間處於守選制度從萌芽到成熟的階段，對於他的任職經歷的考察有助於我們更加準確地認識這一制度。我們在考察獨孤思敬的任職情況時，以其解褐任職慶州司戶參軍事的儀鳳二年（西元677年）為起點，到他獲封朝散大夫長安三年（西元703年）為終，二十六年間他一共遷轉六次，以唐官每任約四年計算，可知思敬

---

34 參見賴瑞和：《唐代基層文官》（臺北：聯經出版事業公司，2005年），頁290。
35 〔唐〕杜佑撰，王文錦等點校：《通典》（北京：中華書局，1988年），頁361。

大約做官二十四年，加上獲封朝散大夫是在任職定王府掾之後，那麼他守選的時間是非常短的，幾乎都在任上，他並沒有經過多年待選的困境。

究其原因，《通典》中載：「然是時仕者，庸愚鹹集，有偽主符告而矯為官者，有接承它名而參調者，有遠人無親而置保者。試之日，冒名代進，或旁坐假手，或借人外助，多非其實。雖繁設等級、遞差選限、增譴犯之科、開糾告之令以遏之，然猶不能禁。大率十人競一官，餘多委積不可遣，有司患之，謀為黜落之計，以僻書隱學為判目，無復求人之意。而吏求貨賄，出入升降。至武后時，天官侍郎魏玄同深嫉之，因請復古辟署之法，不報。」[36]據《通典》所載，當時大概十人而求一官，競爭激烈之下，出現了非常混亂的狀況。思敬有無通過以上途徑選官已無可考，但在客觀上制度的約束力大打折扣，加上思敬父親曾為吏部郎中，種種內外關係的作用下，使得思敬得以規避較長的守選時間。

（三）獨孤思敬的婚姻狀況

隋唐時期世家大族的婚姻極具政治意味，它是提升家族社會地位的階梯。獨孤氏家族作為北周、隋、唐三個政權的外戚，在當時擁有顯赫聲名。從墓誌中的婚配訊息可以反映當時獨孤氏家族的社會地位和生活狀況。

根據出土簡報所載，獨孤思敬與其元配元氏合葬，其繼室楊氏葬於思敬墓東側，相距十米左右，元氏與楊氏都各自有墓誌一方。元配為河南元氏，墓誌載其家世為「隨兵部侍郎司朝謁者弘之孫，皇朝魏州刺史義端之女」。唐初的元氏家族雖不復北魏時的皇族身分，但仍具有

---

36 〔唐〕杜佑撰，王文錦等點校：《通典》（北京：中華書局，1988年），頁1175。

較高的政治地位，與獨孤家祖門當戶對。元氏年十六歸於獨孤家，儀鳳二年（西元677年）在思敬慶州司戶參軍任上去世，年僅二十七歲。

元氏早卒後，思敬續娶弘農華陰楊氏女為妻，其祖父纂為唐尚書左右丞，諡號為敬。其父守愚為沂州刺史，並州大都督府司馬，華陰楊氏是東漢以來的重要士族，其家族成員「累襲旗常，歷居臺相」。元氏入門便為繼室，垂拱三年（西元687年）終於豐安里的私宅，時年三十二歲，於長安三年（西元703年）和元氏同時遷葬銅人原。

思敬的兩次婚配皆為世家大族，說明當時獨孤思敬家族的地位在當時是很高的。在墓誌中除了強調通婚對象的家世門第，還反映出當時世家大族對婦女品德的要求。

首先重視婦人的德行。思敬墓誌稱元氏「德稱柔婉」，元氏墓誌稱其「性符詩禮，誠無待于七篇；道入中和，教不資于三月」。楊氏墓誌稱楊氏「質性賢明，含德耀之天材，履孟光之風範。早欽四德，先承六行。」楊氏被比作孟光一類的有德行的女性，可見德行視為妻子的重要美德，楊氏作為繼室，「撫育諸子，有甚己生」，其德行可見一斑。

其次是行為上恪守內範，並能處理好家族內部關係。思敬墓誌稱元氏「言榮備于嬪則」，元氏墓誌稱其「幽求內則，懇款閨儀，雞鳴之敬就申，鳳飛之兆斯在」。楊氏墓誌稱楊氏「上下禮節，無忝尊卑。」女子在家庭中盡其守內的職責，遵守閨儀和嬪則，這是一種家族興盛之兆，是「鳳飛之兆在斯」。唐代士族家庭的主婦要能處理好與姻親的關係，奉養公婆、姑侄都是婦人應盡之責。元氏墓誌稱其「故能使宗黨輯睦，侄娣歡怡。載流均養之仁，以極人倫之序。」楊氏墓誌稱楊氏「中外宗姻，必先和睦」，和睦姻親的重要性可見一斑。

再次是對個人素養的要求。我們通常講到唐代盛行門第婚時，都強調其政治利益和階級性，相對忽略了個人素養在婚姻中的作用。高門士族意味著接受了更好的禮義教育，在才智和德行上更加突出，同

時在母教上更有優勢，有利於優良家風的形成。這種對個人素養的強調也體現在思敬兩位夫人的墓誌文中。元氏墓誌稱其「理周神用，識受冥機，敏悟生知，柔明幼發」，楊氏墓誌稱其「神機穎悟，質性賢明」，都著重強調她們的聰慧。

三　墓誌所反映的世家大族由武向文的轉變

關於獨孤氏家族步入唐代之後的轉型，學界對此研究成果頗多，[37]揭示出獨孤氏家族在唐代向崇文尚儒的文人世家轉型。獨孤思敬這一支的後人中，出現了獨孤及這樣的文章大家，在天寶、大歷時期的文壇享有盛名，與李華、蘇源明並稱「詞宗」，因而對其家族轉型研究多以獨孤及為主要對象進行闡發。獨孤及是孤獨氏家族轉型成功的標準，一個世家大族的轉型必然要經過幾代人的努力，獨孤思敬正是這其中的一環，筆者試將獨孤思敬作為個案，以獨孤家族整體發展趨勢為背景，闡發其家族通過哪些方面的努力實現成功轉型。

（一）近祖由武官轉向文官

獨孤氏本為胡姓，在北朝和隋皆以武功立身。從思敬墓誌文所列世系中，我們可以發現，曾祖子佳為武將，祖父義順、父親元愷為文官，從墓誌文中可以看出，元愷的文章造詣非常高：「立德光朝，含章映俗。南宮起草，拖鳴玉于重闈；東掖司綸，振華纓于禁闥。」[38]

37　主要有金晶：〈從代北到中原：獨孤及家族的文化轉型〉，《蘭臺世界》2016年第11期；龍成松：《中古胡姓家族研究──以族源、地域、文化為中心》（武漢：武漢大學博士學位論文，2016年）；郭樹偉：〈獨孤及與獨孤家族對中原文化的接受研究〉，《中州學刊》2017年第12期。

38　中國國家博物館：《中國國家博物館館藏文物研究叢書》（上海：上海古籍出版社，2017年），墓誌卷，頁130-133。

思敬本人也具有深厚的學養和品行：「修身踐行，無違于禮義之經；
奉上事親，必由于忠孝之域。」[39]其從兄思貞更是由於孝極君親，特
加官階：「未幾丁家艱，三年齋居，七日不食。載紆綸紱，榮問苫
廬。爰命入閣，賜絹帛繒彩三百段，衣裳數襲。禮闋，以孝極君親，
量能昭洽，特賜龜加一階，除乾陵署令。」[40]獨孤思敬一支從武官向
文官的轉變從入唐後便開始了，這是順應歷史潮流的必然選擇，但其
文化積澱與傳統士族仍無法相提並論。

從思敬的墓誌文中可以看出，他是採用門蔭的方式取得做官資格
的，其從兄思貞也是如此。門蔭出身往往決定了他們很難升遷至高級
文官，封演的「八儁」升官圖景中，其前提便是「自進士而歷清
貴」。思敬正處於獨孤氏家族由尚武向崇文轉變的歷程中，還沒有來
得及適應科舉制度的興起。到獨孤及的父親獨孤通理時，便以文學才
華在科舉考試中脫穎而出：「初，公為御史，嘗以直忤吏部侍郎李林
甫，至是林甫當國，嘗欲騁憾于我，而五府三署每有高選，群公皆昌
言稱公全才，且各以臧文竊位自引，由是免咎。」[41]這種在科舉中對
文學的偏向不是偶然的，龍成松指出：「科舉的興起，是對門閥士族
的一種打壓，同時亦為新興政治力量，包括胡姓家族，開通了一條捷
徑。從文化類型而言，文學的習得相比經學為容易，也容易成功。科
舉在發展過程中，越來越偏重文學，無疑對於胡姓家族迅速進入漢文
化核心領域提供了支撐。」[42]

---

39 中國國家博物館：《中國國家博物館館藏文物研究叢書》（上海：上海古籍出版社，
    2017年），墓誌卷，頁130-133。

40 中國社會科學院考古研究所：《唐長安城郊隋唐墓》（北京：文物出版社，1980年），
    頁41-42。

41 〔唐〕獨孤及撰，劉鵬、李桃校注：《《毗陵集》校注》（瀋陽：遼海出版社，2006
    年），頁223。

42 龍成松：《中古胡姓家族研究——以族源、地域、文化為中心》（武漢：武漢大學博
    士學位論文，2016年），頁286。

　　值得一提的是思敬以蔭補的左親衛為武官，但其後所任官職皆為
文官。以門蔭任官並非皆為武官，任齋郎、挽郎或弘文館、崇文館學
生，則都是文官性質的官職。思敬以武官出生，主要還是其家族依然
保留著尚武的品質，毛漢光指出：「從北魏胡姓士族而論，他們雖然
吸收漢文化，而日趨文質，由於種族關係，他們並沒有立刻拋棄其武
質，因為軍權乃是胡人政權的基石。」[43]思敬的從兄思莊在武后執政
時期官至魏州刺史，雖被狄仁傑取代，但足可說明獨孤家族在武后時
期仍未完全轉型。

（二）家族聯姻中重視文化積澱

　　從與思敬通婚的家族來看，河南元氏和華陰楊氏正好代表了兩類
不同家族類型：謀求漢化的關隴貴族和傳統士族。河南元氏其先為拓
跋氏，北魏孝文帝遷都洛陽後開始一系列漢化政策，拓跋氏改為元
氏。元氏的漢化相較於其他關隴貴族更為徹底，逐漸融入漢文化圈。
元氏由於其北魏皇族的敏感地位，即便一直保持較高的政治地位，仍
不斷遭到打壓和排擠，到唐代元氏逐漸脫離高門大族的地位，向普通
士族階層過渡。[44]

　　弘農楊氏興起於東漢，到南北朝時期成為著名的士族家族。隋代
弘農楊氏家族勢力冠絕當代，到唐代又有了新的發展，其中唐代拜相
十一人，在政治舞臺上占有一席之地。華陰楊氏不但積極參與政治活
動，其家族歷來文人輩出，在經學與文學上頗多建樹，楊炯即是一例。

　　獨孤氏選擇與傳統士族和漢化的關隴貴族聯姻，實際上是一種文
化傾慕，「代北之人武，故尚貴戚，其泰可與也。」[45]獨孤家族由代北

---

43 毛漢光：《中國中古社會史論》（臺北：聯經出版事業公司，1988年），頁92。
44 余靜：《唐代河南元氏家族研究》（北京：首都師範大學碩士學位論文，2005年）。
45 〔宋〕歐陽修、宋祁：《新唐書》，卷一九九〈柳沖傳〉（北京：中華書局，1975年），
　　頁1676。

遷入洛陽，其「尚貴戚」並非是單一的權勢，還包含門第名望等因素。獨孤家族以洛陽為郡望，這是少數民族融入漢人社會的重要一步，王仲犖先生指出：「在《新集天下姓望氏族譜》中，洛陽河南郡郡姓中列有穆、獨孤、丘、祝、元、賀蘭、慕容、古、山、侯莫陳、宇文諸氏，可以證明他們都是漢族完全融合以後的鮮卑姓氏……不過這些族姓，被列為著姓郡望，那就是說他們在所住地區，還擁有一定的經濟地位和政治地位、社會地位，他們有較高深的文化修養，可以說不是很簡單的事了。」[46]

以弘農楊氏為代表的傳統士族，世代篤信儒術，在經學和文學上取得了很高的成就，其文化積累相當深厚。獨孤氏家族對漢文化的傾慕，表現在聯姻上便是重視與傳統士族聯姻。據祖雙喜考證，獨孤思敬所在的永業一支在唐代共有七例是與傳統士族通婚，主要有弘農楊氏、博陵崔氏。扶陽杜氏、滎陽鄭氏、南陽范氏等。[47]其比例幾乎占所考的一半，可見其對漢文化的傾慕。獨孤氏家族在與傳統士族聯姻中，其後代的子女教育受到傳統士族家學的影響。

四　小結

回望思敬的一生，在官場上他有祖輩的餘蔭可寄，以門蔭入仕，待選時間也很短，在各個地方宦游半生後，還可入定王府成為幕僚，定居京畿，這是不少地方官員所豔羨的仕宦經歷，但同時他承載著家族轉型的重擔，以門蔭入仕的前景逐漸被科舉積壓，思敬已不大可能像其父輩一樣步入高級文官的行列，獨孤氏家族需要由武臣向文官轉變，這是唐代胡姓大族在自身轉型中的一個縮影。

---

46 王仲犖：〈《新集天下姓望氏族譜》考釋〉，《蠟華山館叢稿》（2007年），頁446-447。
47 祖雙喜：《唐代獨孤氏家族研究》（南投：南開大學碩士學位論文，2007年）。

他與元氏、楊氏的婚姻，正是家族轉型的一個標誌，通過與傳統士族的聯姻為獨孤家族積累了文化資本。元氏作為漢化較為徹底的胡姓大族，獨孤氏與之聯姻由來已久；思敬與弘農楊氏的聯姻，不但為家族提供了很多無形的文化資源，最為重要的是體現在家風和子女教育上，到思敬的孫輩時，已經出現了獨孤及這樣的一代文豪，可見獨孤家族轉型之成功。

綜上可知，獨孤思敬家族作為胡姓大族的典型代表，其家族轉型一方面反映了唐代不同時期對人才需求的變化，另一方面有體現出胡姓大族對漢文化的傾慕。獨孤思敬的仕宦軌跡、婚配等也反映了唐代前期中下級文官的生存狀況，不僅補充了史籍闕佚，而且對研究唐代的下層文官也具有重要的參考意義。

第二節　唐代夏侯法寶墓誌考釋

唐代夏侯法寶墓誌詳細記載了這位盛唐時期處士的生平、世系、婚姻狀況。夏侯法寶墓誌誌石為少見的圓首碑形墓誌，形制符合唐代對處士誌石形制的規定，正、側、背三面皆有刻字，這主要是受誌石等級所限，沒有充足的刻字空間下的折衷之舉。該墓誌書法極具特點，字體為行書，疏密錯落，和諧統一，其書法風格受王羲之影響較大，其中多字與《懷集王書聖教序》相似。夏侯法寶雖獲「上柱國」勳官稱號，卻未正式步入仕途，因而仍以「處士」稱之。夏侯法寶墓誌具有書法與內容的高度契合、強調夫妻雅趣相投、文采飛揚的特點，從書法和內容兩方面塑造了誌主超凡脫俗的形象。

唐代夏侯法寶墓誌文首見於羅振玉《中州冢墓遺文補遺》，[48]並對

48　羅振玉：《中州冢墓遺文補遺》（杭州：西泠印社出版社，2005年）。

墓誌誌石的尺寸，正、側、背三面刻字情況均有記載。《北京圖書館藏中國歷代石刻拓本彙編》、[49]《北京大學圖書館藏金石拓本草目》、[50]《隋唐五代墓誌彙編》（北京大學卷）、[51]《唐代墓誌彙編》[52]均有著錄。王義康在《國家博物館藏墓誌概述》中，肯定夏侯法寶墓誌誌石為碑形，認為誌文行筆流暢、書寫隨意，受《懷集王書聖教序》影響。[53]關於夏侯法寶墓誌的形制和書法特色，還沒有被專門論述過。本文試從夏侯法寶墓誌誌石形制、書法特點和內容考釋三個方面展開論述，揭示出夏侯法寶墓誌的特點。

49 北京圖書館金石組編：《北京圖書館藏中國歷代石刻拓本彙編》（鄭州：中州古籍出版社，1989年），第二十一冊，頁167。

50 孫貫文編：《北京大學圖書館藏金石拓本草目》（油印本，1955年），第三卷，頁350。

51 隋唐五代墓誌彙編編委會：《隋唐五代墓誌彙編》（天津：天津古籍出版社，1991年），北大卷，第一冊，頁122。

52 周紹良、趙超：《唐代墓誌彙編》（上海：上海古籍出版社，2001年），頁1252。

53 王義康：〈國家博物館藏墓誌概述〉，《中國歷史文物》2008年第6期。

圖五　夏侯法寶墓誌正、側、反三面拓本

（《中國國家博物館館藏文物研究叢書・墓誌卷》，頁137，圖59。）

一　夏侯法寶墓誌誌石概況

夏侯法寶是盛唐時期河南府密（縣）人，於開元九年（西元721年）和夫人合葬於青州雲門山。夏侯法寶墓誌誌石現藏於中國國家博物館，誌石保存完好、字跡較為清晰。墓誌為碑碣式，下有榫，當有座，豎立於墓室之中。誌石高六十七釐米，寬二十六釐米。誌文共二十二行，行字數不等，分別刻於正、側、背三面，共二八三字。墓誌無篆額，首行題「唐故處士上柱國夏侯君墓誌銘并序」。由於夏侯法寶墓誌並非考古發掘品，其確切出土時間已不可考，但據其錄文最早

出現於《中州冢墓遺文補遺》推斷，墓誌最晚當於民國時期出土。

夏侯法寶墓誌為圓首碑形墓誌。碑形墓誌主要流行在北朝的北魏太和年間以前，[54]有圓首、方首、浮雕螭首和圭首四類。羅振玉在《石交錄》卷二有言：「晉人墓誌皆為小碑，直立壙中，與後世墓誌平放者不同，故無蓋而有額。若徐君夫人管氏，若處士成君，若晉沛國張朗三石，額并經署某某之碑，其狀圓首，與漢碑形制正同，惟小大異耳。」這說明碑形墓誌的起源可以追溯到晉代，它是立於壙中的，這顯然是代替地上的墓碑之用。曹魏和西晉的碑禁之令，使得地上的墓碑轉為地下的墓誌，其中一部分墓誌還保留著墓碑的形制特徵。這種仿照碑式的墓誌一直存在，到唐代仍有遺存，「然仍間有植立者，若魏延昌四年之皇甫璘，孝昌二年之李謀，普泰元年之賈謹諸誌，仍是植立如碑式。至元氏諸志中若永平四年元侔誌亦然……隋劉猛進，徐智竦，寧贇諸誌尚是植立，唐誌亦間有之。」[55]夏侯法寶墓誌形制還與唐代誌石使用規範有關。「唐舊制五品以上碑，七品以上碣。若隱淪道素，孝義著聞，雖不仕亦立碣。見錢易南部新書。潘尊師隱淪道素稱碣，正其例也。處士王慶亦不仕者，王徵君口授銘，即王元宗墓碑，亦隱淪道素之流。」[56]夏侯法寶屬於「隱淪道素」之流，按制可立碣。「碣」即圓首誌石，《後漢書》李賢注：「方者謂之碑，員者謂之碣。」[57]夏侯法寶墓誌形制為碑碣式，也就是圓首碑形墓誌，符合唐代對處士誌石形制的規定，二〇〇五年芮城出土的《大唐故處士韓君之碣》形制也與夏侯法寶墓誌類似。

夏侯法寶墓誌正、側、背三面皆有刻字，這在墓誌誌石中是非常

---

54 劉鳳君：〈南北朝石刻墓誌形制探源〉，《中原文物》1988年第2期。

55 羅振玉：《石交錄》，卷三，文淵閣《四庫全書》版。

56 〔清〕葉昌熾：《語石　語石異同評》（北京：中華書局，1994年），頁164-165。

57 〔南朝〕范曄撰，李賢等注：《後漢書》（北京：中華書局，1965年），頁817。

少見的。筆者認為，這主要是受誌石等級所限，沒有充足的刻字空間下的折衷之舉，理由有二：一是誌石正、側兩面刻字非常滿，僅背面墓誌文末留有空白，如若不採取這樣的方式，那麼只能縮短誌文或縮小刻字大小；二是夏侯法寶墓誌邊長已達同等級的上限，尺寸上不能更大，其誌石高六十七釐米，根據趙超先生對唐代墓誌形制的論述，唐初五品以上的墓誌邊長在〇點五四或〇點六米以上，九品以上為〇點四二或〇點四八米以上，庶民使用墓誌邊長一般為〇點四米左右，少數平民墓誌達到〇點六米以上。[58]夏侯法寶並無官職，誌石六十七釐米的邊長已是極限。應該說明的是，夏侯法寶墓誌本為豎立於墓室中，因而正、側、背三面刻字並不影響對誌文的閱讀。

二　夏侯法寶墓誌書法藝術探析

　　夏侯法寶墓誌為行書，無撰文和書丹者姓名。以行書入碑始於太宗時期，盛唐時期出現了以李邕為代表的一批行書名家，行書墓誌蔚然成風，開元時期行書成為當時墓誌書體的重要選擇，其數量雖沒有楷書墓誌多，但其書法意義值得探究。詳觀該墓誌，書風灑脫而不失章法，用筆輕鬆自由，開合有度，疏密錯落，和諧統一，起收之間可見一定功力。從書法角度可以看出，其書法風格受王羲之影響較大，其中多字與《懷集王書聖教序》相似。

　　首字「玄」為上下結構，比較兩部作品中的「玄」字，可發現中部的橫劃、撇折非常相似。第二字「風」，兩部作品的筆勢走向和結構安非常相似，所不同的是《夏侯法寶墓誌》中最後一筆彎鉤斜勢外拓，以波磔收筆。第三字「思」為上下結構，下部「心」字三點的位

58　趙超：《古代墓誌通論》（北京：紫禁城出版社，2003年），頁152。

置相近，斜勾走勢相似。第四字「水」兩部作品結構非常相似，但細節之處又頗有不同：王書橫撇尾筆更為舒展，豎鈎的鈎筆明顯。第五字「道」為半包字，分為走之旁和「首」兩部分，從表中我們可以看出，兩部作品的「道」字在結構上非常相似，細微差別主要有兩處：一是走之旁的捺王書平順，末尾可見筆鋒，《夏侯法寶墓誌》則有一個梯度的下降，二是「首」部分的橫折，王書轉折處遒美健秀，平和自然，《夏侯法寶墓誌》則更加寫意。「智」字為上下結構，除了結構的相似之外，其中「矢」部與王作最為相似。

通過以上比較，可以看出夏侯法寶的墓誌文書法風格受王羲之行書影響較大，相較於王書《聖教序》，《夏侯法寶墓誌》在書寫上更加寫意隨性，雖其書寫功力較為一般，但仍保留了自己的特色，不失為一篇有特色的墓誌佳作。

三　夏侯法寶墓誌內容考證

根據夏侯法寶墓誌文的記載，夏侯法寶本為沛國譙郡人，後定居於河南府密縣，「君諱法寶，沛國譙郡人也。先代因官流寓，今為河南府密人焉。」譙郡是夏侯氏郡望所在地，其時轄地在今安徽、河南省之間的地區。從墓誌文中可以看出，夏侯氏的先人中是有做官的。根據墓誌文記載，自隋朝滅亡後，門閥逐漸式微，夏侯法寶的父親夏侯道安便沒有入仕，夏侯法寶更是隱居於家，「性慕山水，志重琴書」。撰誌人將夏侯法寶比作「陶泉明之在生，朱買臣之宿昔」，亦是強調夏侯法寶無意功名，具有隱士超凡脫俗的情懷。

但筆者注意到，墓誌首行題「唐故處士上柱國夏侯君墓誌銘并序」，《辭源》將「處士」解釋為「未仕或不仕的士人」，「處士」一詞符合墓誌中對夏侯法寶生平的記載，不但夏侯法寶本人「隱家不

仕」，其父夏侯道安亦是「至於官榮，莫有收斂。」那麼「處士」的記載與墓誌首行中的「上柱國」這一稱號有無牴牾？這就要結合唐代「上柱國」一類的勳官授予制度來探析。勳官制度起源於南北朝時期，用於獎勵軍功，隋唐時期勳官品秩逐漸降低，明確了以散官為本品的官制。到唐高宗以後，勳官授予相當泛濫，以至於出現「牽挽辛苦，與白丁無異。百姓不願征行，特由於此。」正是由於勳官的泛濫，因而勳官入仕還要進行番上或納資等步驟，在未正式步入仕途前都是「處士」。

上柱國之子可以敘正九品下，從墓誌文來看，夏侯法寶之子夏侯懷智為左金吾衛翊衛，當是以父勳官而獲得宿衛出身，類似的情況在《唐代墓誌彙編》中多有所見，如張敬玄父為上柱國，「君起家任東宮左御率府翊衛」。

夏侯法寶為河南府密縣人，其妻為河南府南陽人，與青州並無直接關係，為何葬於青州？依筆者淺見，雲門山一帶應是夏侯法寶祖先選定的祖塋，後世必須歸祔於祖塋。譙郡夏侯氏是漢魏之際顯赫一時的望族，其家族人才輩出，從曹魏時期的武將夏侯惇、夏侯淵開始，到開魏晉玄學先河的夏侯玄，夏侯氏在魏晉南北朝時期的政治、軍事、文化等方面均有建樹，成為一時高門望族。夏侯淵之子夏侯惠便為兗州刺史，北朝時夏侯道遷之子夏侯夬為南兗州大中正。雖則兗州與夏侯法寶墓誌記載的出土地雲門山有一定距離，但雲門山為魯中名山，其山雖不高卻有千仞之勢，隋唐時期更是在雲門山頂開鑿了石窟造像，可見其地風水絕佳，因而夏侯法寶祖先以此地為祖塋也屬情理之中。

四　夏侯法寶墓誌主要特點

夏侯法寶墓誌內容雖然較為簡單，但從整體而言卻獨具特色。除了前文已述的誌石形制特點和書法特色，仍有以下幾點值得注意的地方。

一是書法與內容的高度契合。夏侯法寶墓誌內容不落俗臼，於家族世系僅寥寥數語代過，著重刻畫了誌主及其夫人高潔脫俗、寄情山水的形象，與之相對應的，其墓誌書法縱橫恣意，不為陳規所拘，且三面均有刻字，揮灑自如。這種形與意的高度統一，使得這方墓誌獨具別樣的生命力，將誌主的主要特點通過這方誌石保存了下來。

二是對於夏侯法寶夫人的描述不落俗套，強調夫妻雅趣相投。夏侯法寶的夫人為南陽張留生之女，墓誌文載其和夏侯法寶「仙琴並卷，早呈和鳳之音；寶劍雙沉，晚合乘龍之契。」極言夫妻二人琴瑟相合，志趣相投。墓誌文中毫不吝嗇對夫人的描畫和讚美之情，在篇幅上與誌主本人比例相當。一般墓誌中對於女性的描述側重於持家恭順方面的敘述，而對於女性的才情志趣方面的刻畫較為少見。

三是該墓誌文采飛揚，不同於一般莊重肅穆的墓誌文字。夏侯法寶墓誌的書寫充滿了理想化色彩，塑造了一個超凡脫俗的類型人物。墓誌文采飛揚，用詞華麗，令人耳目一新。墓誌文中採用了大段詩性語言來描繪：「玉軫波驚，俯琴亭而鶴引；銀鉤霧灑，下書沼而鸞回……星津降彩，月旬垂芳，清雅韻于椒花，奉柔規于荇菜。」這種富有象徵性的美好詞彙，使得讀者很自然地將誌主歸入到隱士的範疇中，這也是夏侯法寶墓誌書寫的目的所在——塑造一個超凡脫俗的誌主形象。

第五章
結論

　　本著作以中國國家博物館藏隋唐墓誌為研究對象，以考古發掘品、出土品、傳世品進行分類整理，從史料價值、書法價值、形制特點等多維度進行概括分析，總結出國博館藏墓誌的三大特點：

　　第一，國博館藏墓誌具有極強的代表性，集中展示了隋唐時期的歷史風貌。其中既有以李靜訓墓誌為代表的隋代考古發掘品，亦有以獨孤思敬、獨孤思貞、楊思勗墓誌等為代表的唐代考古發掘品。從時間上囊括了隋代和唐代幾乎每一個歷史階段，從地域上既有陝西西安、河南洛陽、亦有河北省等地出土墓誌。

　　第二，國博墓誌的藏品來源有二：一是以民國時期出土品為主，主要入藏形式為捐贈；新中國成立後以考古發掘品為主，主要形式為徵集和調撥。

　　第三，國博館藏墓誌具有重要的學術研究價值。本著作以三方墓誌為例，從三個不同角度揭示了它們的特點與價值。另外旁及其他史料現象：如楊思勗墓誌、烏氏墓誌、司馬垂墓誌等涉及安史之亂、玄宗時期少數民族叛亂等重要史實；羅君副墓誌、顏人墓誌、楊大隱墓誌對揭示李世民秦王府文臣和武將的出生及仕宦具有重要意義；另有多方女性墓誌，涉及女性研究的諸多方面，如嚴氏墓誌對研究家庭婦女佛教信仰提供了資料，支氏小娘子墓誌對研究唐代在室女的生活及墓誌書寫提供了資料，等等。

參考文獻

一 古籍文獻

〔唐〕李百藥撰：《北齊書》，北京：中華書局，1972年。

〔唐〕李延壽撰：《北史》，北京：中華書局，1974年。

〔唐〕劉　肅撰，許德楠、李鼎霞點校：《大唐新語》，北京：中華書局，1984年。

〔唐〕封　演撰，趙貞信校注：《封氏聞見記校注》，北京：中華書局，2005年。

〔漢〕班　固撰，顏師古注：《漢書》，北京：中華書局，1964年。

〔唐〕房玄齡等撰：《晉書》，北京：中華書局，1974年。

〔南朝〕范　曄撰，李賢等注：《後漢書》，北京：中華書局，1965年。

〔後晉〕劉　昫等撰：《舊唐書》，北京：中華書局，1975年。

〔梁〕蕭子顯撰：《南齊書》，北京：中華書局，1972年。

〔西晉〕陳　壽撰，陳乃乾校點：《三國志》，北京：中華書局，1964年。

〔漢〕司馬遷撰：《史記》，北京：中華書局，1959年。

〔唐〕魏　徵、令狐德棻等撰：《隋書》，北京：中華書局，1973年。

《十三經注疏》整理委員會：《十三經注疏》，北京：北京大學出版社，1999年。

〔唐〕杜　佑著，王文錦等點校：《通典》，北京：中華書局，1988年。

〔唐〕李　肇撰：《唐國史補》，上海：古典文學出版社，1957年。

〔五代〕王　溥撰：《唐會要》，北京：中華書局，1955年。

〔南北朝〕魏　收撰：《魏書》，北京：中華書局，1974年。

〔清〕章學誠著，倉修良編注：《文史通義新編新注》，杭州：浙江古
　　　籍出版社，2005年。

〔宋〕歐陽修、宋祁等撰：《新唐書》，北京：中華書局，1975年。

〔唐〕李吉甫撰，賀次君點校：《元和郡縣圖志》，北京：中華書局，
　　　1983年。

〔唐〕林　寶撰，岑仲勉校記：《元和姓纂》，北京：中華書局，1994
　　　年。

〔清〕葉昌熾撰：《語石　語石異同評》，北京：中華書局，1994年。

〔唐〕楊　炯著，徐明霞點校：《楊炯集》，北京：中華書局，1980年。

〔宋〕司馬光編著，胡三省音注：《資治通鑑》，北京：中華書局，
　　　1956年。

二　今人著作

北京圖書館金石組：《北京圖書館藏中國歷代石刻拓本彙編》，中州古
　　　籍出版社，1989、1990、1991年。

陳柏泉：《江西出土墓誌選編》，江西教育出版社，1991年。

高　峽：《西安碑林全集》，廣州：廣東經濟出版社、深圳：海天出版
　　　社，1999年。

郭玉堂：《洛陽出土石刻時地記》，鄭州：大象出版社，2005年。

胡　戟、榮新江：《大唐西市博物館藏墓誌》，北京：北京大學出版
　　　社，2012年。

河南省文物研究所、河南省洛陽地區文物處：《千唐誌齋藏志》，北
　　　京：文物出版社，1984年。

賴　非：《齊魯碑刻墓誌研究》，濟南：齊魯書社，2004年。

李希泌：《曲石精廬藏唐誌》，濟南：齊魯書社，1986年。

羅　新、葉煒：《新出魏晉南北朝墓誌疏證》，北京：中華書局，2005年。

呂章申主編：《中國國家博物館館藏中國古代書法》，合肥：安徽美術出版社，2014年。

毛漢光：《歷代墓誌銘拓本目錄》，臺北：臺北中央研究院歷史語言研究所，1985年。

氣賀澤保規：《唐代墓誌所在總合目錄》，東京：汲古書院，1997年。

榮麗華、王世民：《1949-1989四十年出土墓誌目錄》，北京：中華書局，1993年。

王春法等撰：《中華寶典——中國國家博物館館藏法帖書系》（第一、二、三輯），合肥：安徽美術出版社，2018年始出。

王宏理：《誌墓金石源流》，北京：中國文史出版社，2002年。

王其禕、周曉薇：《隋代墓誌銘匯考》，北京：線裝書局，2007年。

王仁波：《隋唐五代墓誌彙編》，天津：天津古籍出版社，2009年。

新文豐出版社編：《石刻史料新編》第1輯第10冊，臺北：新文豐出版公司，1982年。

新文豐出版社編：《石刻史料新編》第1輯第11冊，臺北：新文豐出版公司，1982年。

徐自強、王翼文、冀亞平：《北京圖書館藏墓誌拓本目錄》，北京：中華書局，1990年。

嚴耕望：《唐僕尚丞郎表》，臺北：臺北中央研究院歷史語言研究所，1956年。

楊鴻年：《隋唐兩京坊里考》，上海：上海古籍出版社，1999年。

嚴耕望：《魏晉南北朝地方行政制度》，臺北：臺北中央研究院歷史語言研究所，1963年。

楊作龍等編：《洛陽新出墓誌釋錄》，北京：北京圖書館出版社，2004
　　　年。

周阿根：《五代墓誌彙考》，黃山：黃山書社，2012年。

趙　超：《中國古代石刻概論》，北京：文物出版社，1997年。

趙　超：《古代石刻》，北京：文物出版社，2001年。

趙　超：《古代墓誌通論》，北京：紫禁城出版社，2003年。

中國國家博物館：《中國國家博物館館藏文物研究叢書》墓誌卷，上
　　　海：上海古籍出版社，2017年。

中國歷史博物館編：《中國歷史博物館藏法書大觀》（15冊），柳原書
　　　店，1994年。

張鴻修：《唐代墓誌紋飾選編》，西安：陝西人民美術出版社，1992年。

趙軍平：《邙洛碑誌三百種》，北京：中華書局，2004年。

趙萬里：《漢魏南北朝墓誌集釋》，北京：科學出版社，1956年。

周紹良、趙超：《唐代墓誌彙編》，上海：上海古籍出版社，1992年。

周紹良、趙超：《唐代墓誌彙編續集》，上海：上海古籍出版社，2001
　　　年。

三　學術論文

陳安利、馬驥：〈西安新出唐誌考釋〉，《文博》1987年第5期。

陳久恆：〈唐東都洛陽城坊里之考證——從唐代墓誌看東都坊里名稱及
　　　數目〉，《中國考古學會第五次年會論文集》，北京：文物出版
　　　社，1988年。

程章燦：〈唐代墓誌叢考〉，《古籍整理研究學刊》1995年第4期。

程章燦：〈墓誌文體起源新論〉，《學術研究》2005年第6期。

杜葆仁、夏振英：〈華陰潼關出土的北魏楊氏墓誌考證〉，《考古與文
　　　物》1984年第5期。

杜林淵：〈從出土墓誌談唐與吐谷渾的和親關係〉，《考古》2002年第8期。

蓋之庸：〈近年慶陵出土遼代墓誌補證〉，《內蒙古文物考古》2002年第1期。

賀梓城：〈唐王朝與邊疆民族和鄰國的友好關係──唐墓誌銘扎記之一〉，《文博》1984年第1期。

賀梓城、張鴻修：〈唐墓誌刻飾〉，《文博》1987年第5期。

姜　波：〈豆盧氏世系及其漢化──以墓碑、墓誌為線索〉，《考古學報》2002年第3期。

江　波：〈唐代墓誌撰書人及相關文化問題研究〉，吉林大學博士學位論文，2010年。

賈麥明：〈新發現的唐日本人井真成墓誌及初步研究〉，《西北大學學報》（哲學社會科學版）2004年第6期。

金維諾：〈晚唐畫家程修己墓誌〉，《文物》1963年第4期。

金毓黻：〈遼國駙馬贈衛國王墓誌銘考證〉，《考古學報》1956年第3期。

賴　非：〈有關墓誌起源問題的辨析〉，《中國書法》2001年第10期。

李鴻賓：〈論唐代宮廷內外的胡人侍衛──從何文哲墓誌銘談起〉，《中央民族大學學報》1996年第6期。

羅火金、劉剛州：〈隋代司馬融墓誌考〉，《中原文物》2009年第3期。

羅繼祖：〈關於新出土的三方遼墓誌的考證〉，《考古》1963年第1期。

李龍彬、樊聖英、李宇峰：〈遼代平原公主墓誌考釋〉，《考古》2011年第8期。

劉禮堂：〈從唐代墓誌彙編窺探唐代安史之亂後北人的南遷〉，《江漢考古》2001年第4期。

劉連香：〈唐開承簡墓誌考釋──兼論唐代蜀中特殊地位〉，《四川文物》2003年第1期。

劉連香：〈唐中宗、睿宗駙馬裴巽墓誌考略〉，《洛陽師範學院學報》
　　　2004年第3期。

劉連香：〈東魏齊獻武高王閭夫人茹茹公主墓誌考釋〉，《華夏考古》
　　　2016年第2期。

林梅村：〈從考古發現看隋末唐初于闐與中原的關係——大唐毗沙郡
　　　將軍葉和墓表考證〉，《西域研究》1999年第2期。

羅　新：〈中國國家博物館藏北魏元則、元宥墓誌疏解〉，《中國歷史
　　　文物》2007年第2期。

路學軍：〈隋唐之際山東士族的經學轉向與家風堅守——以崔暟墓誌
　　　為中心〉，《唐都學刊》2011年第2期。

李獻奇：〈洛陽新發現唐誌叢識〉，《中原文物》1996年第2期。

盧兆蔭：〈何文哲墓誌考釋——兼談隋唐時期中國的中亞何國人〉，
　　　《考古》1986年第9期。

羅宗真：〈略論江蘇地區出土六朝墓誌〉，《南京博物院集刊》1980年
　　　第2期。

孟國棟：〈墓誌的起源與墓誌文體的成立〉，《浙江大學學報》（人文社
　　　會科學版）2013年第5期。

牛時兵：〈新出杜伏威墓誌考論〉，《史學史研究》2018年第4期。

濮仲遠：〈唐代慕容曦輪墓誌考釋〉，《青海師範大學學報》（哲學社會
　　　科學版）2019年第1期。

榮新江：〈從井真成墓誌看唐朝對日本遣唐使的禮遇〉，《西北大學學
　　　報》（哲學社會科學版）2004年第6期。

施安昌：〈北魏茍景墓誌及其紋飾考〉，《故宮博物院院刊》1998年第
　　　2期。

孫繼民、郝良真：〈從新出墓誌看唐代邯鄲歷史地理的幾個問題〉，
　　　《文物春秋》1996年第1期。

武伯綸：〈唐永泰公主墓誌銘〉，《文物》1963年第1期。

王　放：〈千唐誌齋藏唐代墓誌研究〉，南京：南京藝術學院博士學位論文，2018年。

王建新：〈西北大學博物館收藏唐代日本留學生墓誌考釋〉，《西北大學學報》（哲學社會科學版）2004年第6期。

王連龍：〈新見北魏〈楊恩墓誌〉與華陰楊氏譜系補正〉，《社會科學戰線》2012年第10期。

王慶衛、王煊：〈隋代華陰楊氏考述——以墓誌銘為中心〉，《碑林集刊》第11輯，西安：陝西人民美術出版社，2005年。

吳　煒：〈揚州唐五代墓誌概述〉，《東南文化》1995年第4期。

王義康：〈唐陳琮墓誌跋〉，《文獻》2006年第4期。

王義康：〈國家博物館藏墓誌概述〉，《中國歷史文物》2008年第6期。

王義康：〈國家博物館藏墓誌石系年目錄〉，《文津學志》2011年。

王志高、王啟斌：〈江蘇南京市出土的唐代琅琊王氏家族墓誌〉，《考古》2002年第5期。

楊　柳：〈為誰而寫？墓誌文體的書寫文體考察〉，《重慶師範大學學報》（社會科學版）2019年第4期。

楊希義、陳忠凱：〈唐代墓誌中所載的長安坊里〉，《文博》1988年第5期。

趙　超：〈墓誌溯源〉，《文史》第21輯，北京：中華書局，1983年。

趙　超：〈唐代洛陽城坊補考〉，《考古》1987年第9期。

趙　超：〈試談北魏墓誌的等級制度〉，《中原文物》2002年第1期。

趙　超：〈中國國家博物館藏北朝封氏諸墓誌彙考〉，《中國歷史文物》2007年第2期。

張天虹：〈從新刊唐代《李仲昌墓誌銘》看安史之亂後士人「北走河朔」〉，《河北大學學報》（哲學社會科學版）2011年第3期。

周曉薇、王菁:〈隋墓誌刻飾圖案中的稀見紋樣——以《隋代墓誌銘
　　匯考》為基本案例〉,《考古與文物》2009年第1期。

朱子方:〈遼代耿氏三墓誌考釋〉,《遼寧師院學報》1978年第3期。

趙振華:〈唐阿史那感德墓誌考釋〉,《史林》2004年第5期。

趙振華:〈唐代洛陽鄉里方位初探〉,《洛陽古代銘刻文獻研究》,西
　　安:三秦出版社,2009年。

朱智武:〈中國古代墓誌起源新論——兼評諸種舊說〉,《安徽史學》
　　2008年第3期。

附錄
國家博物館藏隋唐墓誌資料長編

一　考古發掘品

（一）河北景縣封氏墓群墓誌

　　一九五五年，為瞭解前華北人民政府在一九四八年搜集二百七十多件景縣十八亂冢封氏墓出土文物，北京歷史博物館派張季前去調查。一九四八年土地改革之後，為破除迷信，村民掘開了「十八亂冢」（又名「封家墳」），後這批文物被徵入北京歷史博物館，張季此次調查該村又捐三十二件文物，共計三百多件。出土器物包括銅器、陶瓷器、陶俑、玻璃器、墓誌等，這是北朝豪族封氏家族成員墓葬地。

　　封氏墓出土墓誌五方，另有誌蓋一方。依據墓誌記載，這些墓主人都是封氏族系，是北魏、北齊間的上層貴族：〈魏書〉、《北齊書》、《北史》皆有他們的列傳。現將《墓誌卷》與之對照列出條目。

　　第一方北魏正光二年（西元521年）「魏故使持節平東將軍冀州刺
史勃海定公封使君墓誌序」（封魔奴）。誌石長五十九點二釐米，蓋長
五十一釐米（圖版14）。名魔奴、勃海修人，北魏太和七年十一月九
日卒於代京，年六十八歲。太和八年二月葬於代京平城，正光二年十
月三十日改葬於本邑。

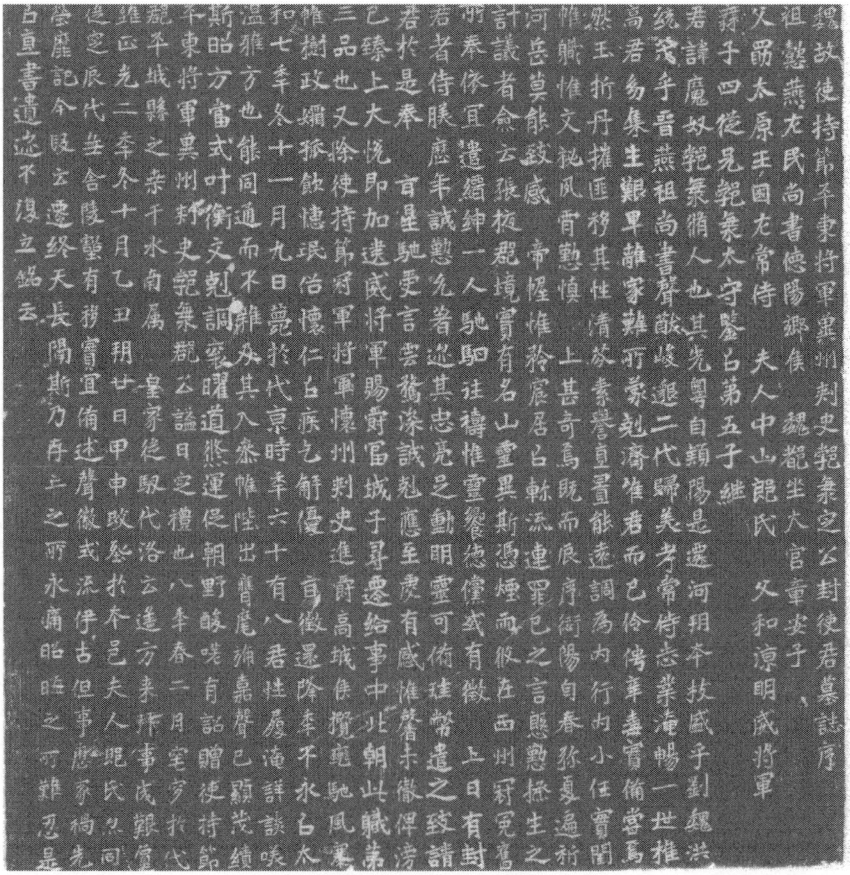

圖一　封魔奴墓誌

　　第二方東魏興和三年（西元541年）「魏故侍中司徒尚書左僕射封
公墓誌銘」（封延之）。誌長六十九釐米，蓋長七十三釐米，寬七十四
釐米，有墓誌錄文。

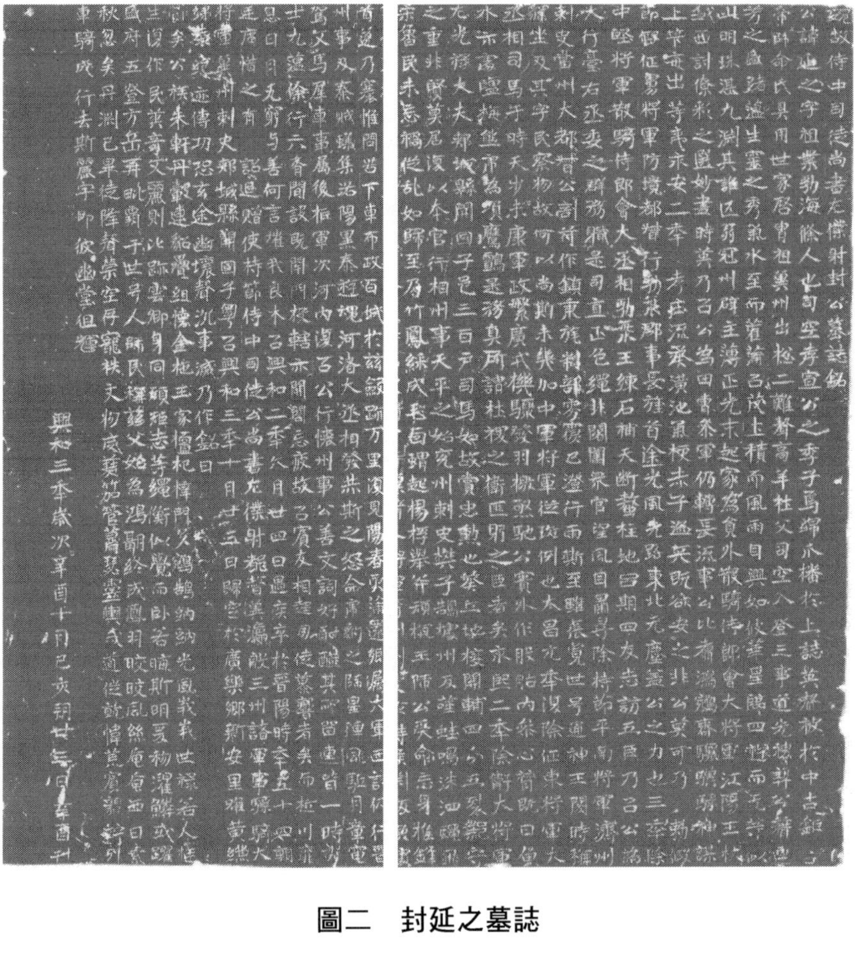

圖二　封延之墓誌

第三方北齊河清四年（西元565年）「齊故尚書右僕射冀州使君封公墓誌」（封子繪）。誌長九十二釐米，寬八十八點八釐米，蓋長七十四釐米，寬七十三釐米，題銘篆書，有墓誌錄文。

圖三　封子繪墓誌

　　第四方開皇三年（西元583年）「齊故僕射冀州使君夫人王氏墓誌之銘」（王楚英），王氏系封子繪之妻。誌長五十六點五釐米，蓋長五十七點七釐米（圖版15）。

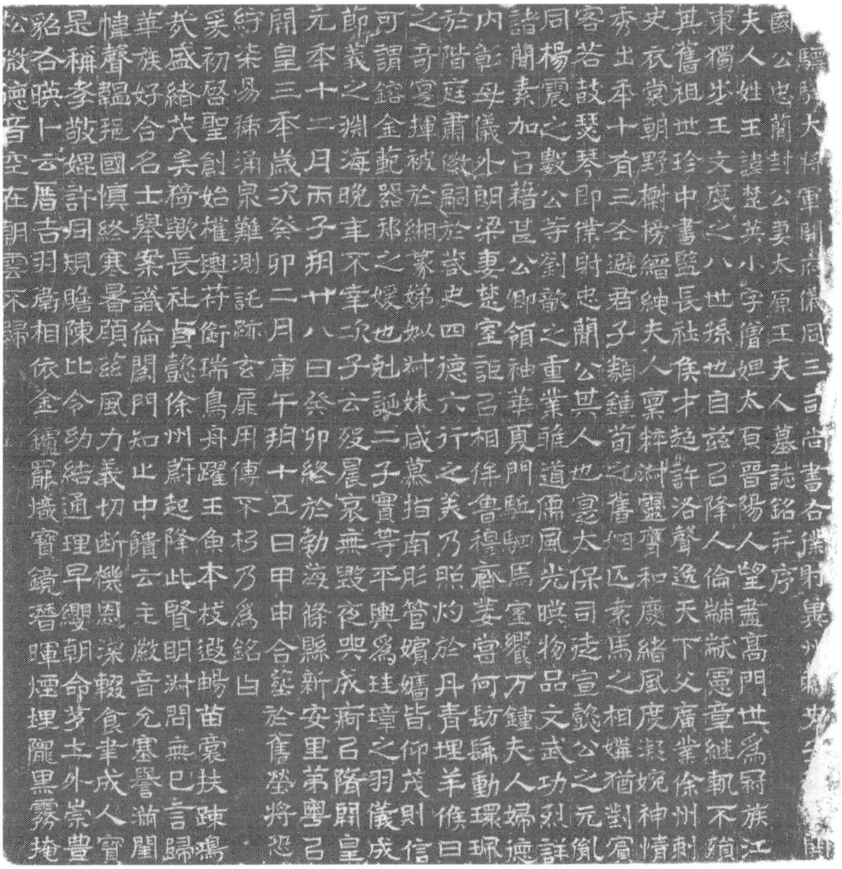

圖四　王楚英墓誌

　　第五方隋開皇九年（西元589年）「封氏崔夫人墓誌銘」（崔長暉），崔氏系封延之之妻。隋開皇七年十一月二十九日卒，年八十三歲。誌長四十九點三釐米，蓋長四十八點五釐米（圖版14）。

圖五　崔長暉墓誌

　　此外有「魏故郡君祖氏墓誌銘」蓋一方。邊長六〇點三釐米。（張季：〈河北景縣封氏墓群調查記〉，《考古通訊》1957年第3期。）

（二）陝西西安隋代李靜訓墓墓誌

　　一九五七年，中國科學院考古研究所為配合西安市區建設，於城西梁家莊附近工地發掘，此墓位於今西安市玉祥門外西站大街南約五十米處。墓室為長方形豎井坑，方向正南北。口部長寬為六點〇五乘五點一，底部五點五乘四點七，深度二點九米。填土經過夯築，夯層厚八～十五釐米不等。將填土清理後，墓室中露出石椁和墓誌。誌石和誌蓋合放於石椁的南側，墓誌的底部和周圍有燒過的黑色紙灰一層。

棺椁之間及棺蓋上放置隨葬品。棺蓋南北兩端放陶屋、灶、井、牛及木馬，東西兩側置陶罐和俑。棺外四壁下有瓷器及儀仗俑等。棺內有一具人骨架，頭頂上有金花髮飾、髮釵和小木梳，頸上套有金項鍊一件，胸骨下有白玉臥獸一件，兩腕各有金鐲子一件，兩手指上各戴有金、玉戒指。

墓誌放於石椁南側，墓誌北邊緊靠石椁南壁，東、西、南三面圍砌方磚。墓誌誌蓋陽刻篆書「隋左光祿大夫女墓誌」，誌石為方形，長、寬皆三十九點四釐米。誌石刻欄，誌文楷書，共二十行，每行二十字，計三百七十字，錄有拓本（圖14、圖15）及墓誌文。（中國社會科學院考古研究所：《唐長安城郊隋唐墓》〔1980年〕，頁3-28。）

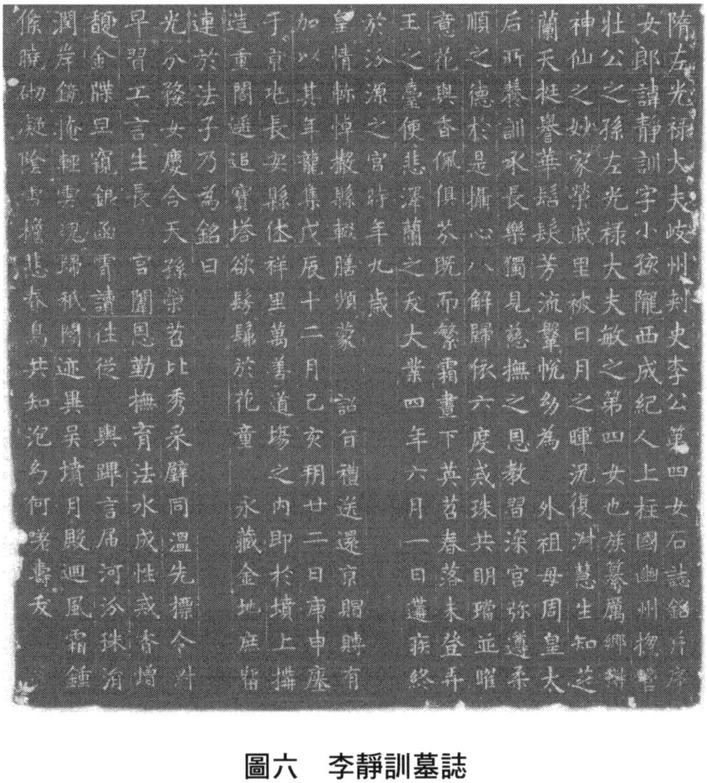
隋左光祿大夫岐州刺史李公第四女石誌銘并序
女郎諱靜訓字小孩隴西成紀人上柱國幽州揔管
壯公之孫左光祿大夫敏之第四女也族纂厲鄉糾
神仙之妙家榮戚里被日月之暉況復淵慧生知芝
蘭天挺譽華髫髮芳流聲悅紛為 外祖母周皇太
后所養訓承長樂獨見慈撫之恩教習深宮弥遵柔
順之德於是攝心八解歸依六度戒珠共明瓔並曜
意花與香佩俱芬既而繁霜晝下英苕春落未登弄
王之臺便悲澤蘭之夭大業四年六月一日遘疾終
於汾源之宮時年九歲
皇情軫悼撤縣輟膳頻蒙 詔旨禮送還京贈賻有
加以其年龍集戊辰十二月己亥朔廿二日庚申瘞
于京兆長安縣休祥里萬善道場之內即於墳上構
造重閣遥追寶塔欲髣髴於花童永藏金地庶留
連於法子乃為銘曰
光分婺女慶合天孫榮苕比秀采擬同溫先標令外
早習工言生長 宮闈恩勤撫育法水成性戒香增
馥金牒㫷窺銀函霄讀往從 興蹕言届河汾珠淪
潤岸鏡掩輕雲泥歸秘閣迹異吳墳月殿迴風霜鍾
條萌砌凝陰常樓悲春鳥共知泡幻何淺壽夭

圖六　李靜訓墓誌

（三）隋姬威墓出土墓誌

一九五四年，陝西省文物管理委員會配合基建工程，在西安郭家灘進行了古墓葬的發掘清理，其中包括隋姬威墓。墓葬分為墓室、墓道兩部分，墓室近長方形土洞，長四點一米、寬四米，北偏西四度。墓道位於墓室南端東部，斜坡形，長四十六點七五米，寬二點〇五米。墓室西部置石棺床，床上有木棺，棺木及骨架已淩亂。隨葬品包括墓誌和各類陶俑、瓷器。

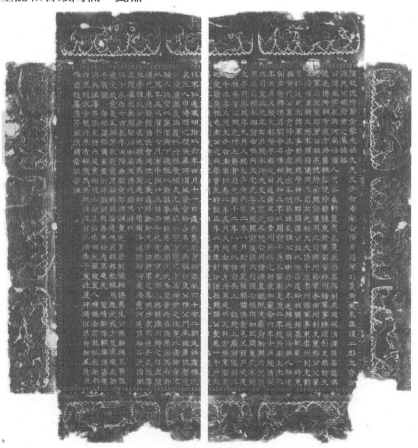

圖七　姬威墓誌

姬威墓誌放在墓室與墓道相交接處，長寬均為〇點八米，厚〇點二米，誌蓋篆書「隋金紫光祿大夫備身將軍司農卿敦煌太守汾源良公姬君銘」，四周陰刻細線花紋及四神。有拓本（圖4、5）收錄於考古報告。（陝西省文物管理委員會：〈西安郭家灘隋姬威墓清理簡報〉，《文物》1959年第8期。）

（四）獨孤思貞墓出土墓誌

一九五八年六月，在今西安市東郊灞橋區洪慶村南發掘獨孤思敬墓，該墓在早期曾被盜掘，但僅墓室被擾亂，其他部分保存尚好。墓室為南北向，北偏東十六度，是一座斜坡形長墓道的洞室墓。該墓包括墓室、甬道及墓道三部分，在東西兩壁各有壁龕一個。在墓室西側，磚砌棺床，高出墓底〇點四米，南北長與墓室同，寬一點五五米。

墓中隨葬品除三三〇粒料珠之外，其他共一八四件。這一八四件器物中陶俑占絕大多數，而且大都是製作精美的「三彩」俑。另有墓誌、玉飾、銅鏡、馬飾品等。出土時墓誌放置在甬道中，靠近封門磚附近。出土時志與蓋合在一起，志、蓋間墊有絹帛一層（已成灰粉）。誌蓋上刻篆文「大周故朝議大夫行乾陵令上護軍公士獨孤府君墓誌銘并序」。字的四周刻有卷草紋飾，蓋的四邊無紋飾（圖25）。誌石為方形，長、寬皆七十一點六釐米。誌石四邊亦陰刻卷草紋，誌文楷書，文內兼用武則天新制字（圖26），誌文全錄。（中國社會科學院考古研究所：〈唐長安城郊隋唐墓〉，1980年，頁29-43。）

（五）獨孤思敬和元氏墓出土墓誌

一九五六年十二月，在今西安市東郊灞橋區洪慶村南發掘獨孤思敬墓，他與妻元氏於景龍三年（西元709年）合葬一墓。此墓因盜掘，隨葬品大都已成碎片。

墓葬形制為斜坡式長墓道的土洞墓。墓南北向，為北偏東二十二度。該墓包括墓室、甬道及墓道三部分。墓室的平面呈方形，長寬各三點一四米，四壁成直線，棺床在墓室西部，高出墓底〇點二三米，南北長二點五米，東西寬二米。西側與墓室西壁相接，南北兩端與墓室南北各有一段間空。東北角砌有方形小磚臺，元氏墓誌即放在磚臺上，但誌蓋卻在墓底，可能盜掘所致。此墓在早期被盜掘，墓室均遭擾亂，所以隨葬器物大都已成碎片，失去原來位置。人骨架已腐朽，葬具已無痕跡，僅在棺床上有鐵棺釘數枚，葬具可能是木棺。甬道在墓室南側偏東，獨孤思敬墓誌、鎮墓獸、武士俑均出在甬道中。

獨孤思敬墓誌出土於甬道中，因盜掘擾亂，誌與蓋分在兩處。蓋頂篆書「大唐獨孤府君墓誌銘」，誌蓋四邊無紋飾。誌石為方形，長、寬皆六十七點五釐米，四邊刻卷草紋，誌文楷書，共三十一行，九六六字。誌石部分殘毀，短缺數字，錄有拓本（圖29）及墓誌文。

元氏墓誌在墓室的南北隅，放在磚砌的臺上，誌蓋卻在臺下，當是盜掘擾亂所致。誌蓋平素未刻銘文，誌石正方形，長、寬皆四十六點八釐米，誌石四邊刻卷草花紋，誌文共二十三行，五〇一字，皆楷書，兼用武則天新制字，有拓本（圖31）和墓誌文。（中國社會科學院考古研究所：〈唐長安城郊隋唐墓〉，1980年，頁43-56。）

（六）鮮于庭誨墓出土墓誌

一九五七年二月，西安市西郊南何村西北處大量起土時發現鮮於庭誨墓，其墓室和墓道大部在起土時已被掘去，且早年曾遭嚴重盜掘損壞，因而墓室形制和結構已不甚清楚。從殘存情況看，墓道為斜坡式，位於墓室之南，墓為南北向北偏東十度。墓室平面為正方形，長、寬各四點九米。隨葬品較為豐富但原位置已不詳，主要是各式陶俑及墓誌一方。

　　鮮于庭誨墓誌因盜掘擾亂，誌石與誌蓋分別出在擾土中。誌蓋頂
部四周刻寶相花紋飾，中刻「大唐故鮮于將軍墓誌」。四殺刻「四
神」像，並飾以纏枝卷草紋，刻工精緻，線條流暢，蓋的四邊無紋
飾。誌石正方形，長、寬皆七十一點五釐米，誌石四邊刻纏枝卷草
紋，誌石表面有數字辨別不清，誌文行距間刻欄，縱橫各二十四行，
共五二〇字，拓本（圖36、圖37）及誌文皆有收錄。（中國社會科學
院考古研究所：〈唐長安城郊隋唐墓〉〔1980年〕，頁56-65。）

圖八　鮮于庭誨墓誌

（七）楊思勗墓出土墓誌

一九五八年七月，位於西安市東南約四公里處發掘楊思勗墓，南距等駕坡村北約八百米，是唐代長安城春明門外之神鹿坊神鹿里之地。勗身前官位很高，因而墓葬形制和面積較為龐大。墓上有高大封土堆，夯層厚九～十三釐米不等。墓室為磚券，平面呈方形，但四壁均向外稍曲（圖38），磚室內長、寬各五點七米，高九點六米，方向為北偏西五度。有石椁一具，長、寬為三點五二乘以二點二八米，高一點九四米，其外觀為面闊三間的殿堂形式，並刻有浮雕。但由於早期曾被盜掘，僅存一些陶器、陶俑殘片及墓誌一方。

墓誌誌石平放於甬道中，誌蓋立於誌石北側甬道西壁處，未與誌石合在一起，可能是盜掘者所移動。墓誌誌蓋四殺刻「四神」像，並飾以卷草流雲紋，頂部四周刻卷草流雲紋，中刻篆書「大唐故驃騎大將軍楊公志銘」，誌蓋四邊無紋飾。墓誌近方形，長八十八、寬八十六釐米，誌石磨製光平，表面刻欄，縱三十七行，橫三十八行，共刻三十四行，空餘四行，拓本（圖53、圖54）及錄文有收錄。（中國社會科學院考古研究所：《唐長安城郊隋唐墓》〔1980年〕，頁65-86。）

圖九　楊思勗墓誌

（八）西安韓森寨唐墓出土墓誌

一九五五年三月二十六日陝西省文管會第一文物清理工作組在西安市東郊韓森寨附近工地發現一座唐墓。該墓系中型土洞墓，分為墓道、甬道及墓室三個部分，呈刀形，墓室長三點四五～三點四七米，寬二點八五～三米，高一點七五～一點八五米。墓室頂原為圓拱形，甬道位於墓室偏東的南端，墓室西北角設有棺床，高出地面三十一點五釐米，其中央放置木棺一付，已腐朽成灰，在板灰範圍存放較為完整的人骨架。墓室和甬道兩壁牆上有壁畫，多已脫落。隨葬品總計三三三件，主要包括陶俑、錢幣、金屬裝飾品、玉石及墓誌。

墓誌長五十三釐米，誌蓋為盝頂式，四面陰線雕刻四神形象，中央陰刻「大唐故內侍雷府君故夫人宋氏墓誌銘」。誌文每行二十三字，共計四五三字（張正嶺：〈西安韓森寨唐墓清理記〉，《考古通訊》1957年第5期）。周錚先生《功德山居長墓誌考釋》一文詳細考證了該墓誌。

二　出土品及傳世品

（一）裴逸墓誌

　　隋大業七年（西元611年）二月十八日，裴逸卒於洛陽鄰德里。大業八年（西元612年）八月廿五日窆於「瀍水之陰，邙山之阜」。誌石高四十三點九釐米，寬四十三點五釐米，誌文共二十三行，行二十三字，正書。此墓誌蓋已失，誌文又無首題，故誌主姓氏不詳，趙萬里確定誌主為裴蓋、裴秀之後。《漢魏南北朝墓誌集釋》第二冊著錄誌目（總目序號四五二）。

圖十　裴逸墓誌

一九二八年陰曆五月十日，該墓誌出土於洛陽城北前海資村（郭培育、郭培智主編：〈洛陽出土石刻時地記〉〔鄭州：大象出版社，2005年〕，頁58）。

（二）隋張受墓誌

大業九年（西元613年）八月十三日，張受卒於家，十月二十六日與夫人趙郡李氏合葬於東都西北十里靈淵鄉。誌蓋已失，誌石高四十二點五釐米，寬四十一點八釐米。墓誌首行題「隋故光州司戶參軍太僕寺司稟張君墓誌銘」，誌文共二十五行，行二十五字。《漢魏南北朝墓誌集釋》第二冊著錄誌目（總目序號四六二），第五冊附錄圖版（編號四六九）。

圖十一　張受墓誌

　　一九二一年陰曆四月廿八日，該墓誌出土於洛陽城北前海資村，誌石曾歸固始許氏收藏（《洛陽出土石刻時地記》，頁60）。

（三）白仵貴墓誌

　　大業十年（西元614年）十二月十八日，白仵貴卒於河南郡河南縣安眾鄉安眾里，大業十一年（西元615年）二月七日葬於北芒山安川里。誌蓋邊長四十釐米，誌蓋題銘共四行，行四字，篆書，題「隋故北川縣令韓城縣令白府君墓誌」。誌石高四十三點六釐米，寬四十

圖十二　白仵貴墓誌

七釐米，共二十四行，行二十四字，正書，首行題「隋故韓城縣令白府君墓誌銘并序」。《漢魏南北朝墓誌集釋》第一冊著錄誌目（總目序號四八六），第五冊附錄圖版（編號四八六）。

一九二九年陰曆二月二十八日，該墓誌出土於洛陽城北前海資村（《洛陽出土石刻時地記》，頁62）。

（四）崔志墓誌

開皇廿年（西元600年），崔志卒於私第，貞觀元年（西元627年）二月二十九日與夫人合葬於洛陽北邙山之陽清風里。誌蓋已失，誌石邊長五十二釐米，中有橫裂一道，誌文共十九行，行十八字，隸

圖十三　崔誌墓誌

書，首行題「息州長史崔君墓誌銘」。《北京圖書館藏墓誌拓本目錄》頁四十四有拓本。《芒洛冢墓遺文四編》卷二、《唐代墓誌彙編》上冊（頁10）、《全唐文補遺》第四輯（頁290）均著錄誌文。該墓誌出土於洛陽。

（五）解深墓誌

貞觀八年（西元634年）正月八日，解深卒於洛州里舍，其月二十一日葬於邙山。誌蓋已失，誌石高三十六點五釐米，寬三十七點五釐米，厚四釐米。誌文共十九行，行十九字，正書，首行題「隨故征士解君墓誌銘并序」。《芒洛冢墓遺文四編》卷二、《唐代墓誌彙編》上冊（頁33-34）、《全唐文補遺》第四輯（頁295）均著錄誌文。該墓誌出土於洛陽。

圖十四　解深墓誌

（六）羅君副墓誌

貞觀十一年（西元637年）七月八日，羅君副卒於洛陽，其年八月二十一日葬於洛陽縣邙山之陽。誌蓋已失，誌石邊長五十二釐米，誌文共二十三行，行二十四字，正書，首行題「大唐故左驍衛將軍上柱國安山縣侯羅君副墓誌銘」。誌石左下角斜裂一道。《北京圖書館藏墓誌拓本目錄》頁六十七有拓本。《芒洛冢墓遺文四編》卷二、《唐代墓誌彙編》上冊（頁46）、《全唐文補遺》第四輯（頁297）均著錄誌文。該墓誌出土於洛陽。

圖十五　羅君副墓誌

（七）蕭瑤墓誌

　　貞觀十二年（西元638年）八月十四日，蕭瑤卒於任所（滄州景城縣令），十三年（西元639年）二月十七日葬於洛州河南縣千金鄉。誌蓋已失，誌石高三十九釐米，寬四十一釐米。誌文共十一行，滿字十字，正書，首行題「大唐滄州景城縣令蕭府君之銘」。《唐代墓誌彙編》上冊（頁50）、《全唐文補遺》第七輯（頁224）均著錄誌文。趙超先生據此志補《宰相世系表》蕭氏之所缺（《新唐書宰相世系表集校》，頁73）。該墓誌出土於洛陽。

圖十六　蕭瑤墓誌

（八）楊玉姿墓誌

貞觀十六年（西元642年）六月二十五日，楊玉姿卒於私第，其年七月二十日葬於河南縣千金鄉北邙山。誌蓋已失，誌石高四十八釐米，寬四十七釐米，誌文共二十行，行二十字，正書，首行題「大唐毗沙妻楊夫人墓誌銘并序」。《北京圖書館藏墓誌拓本目錄》頁七十二有拓本。《芒洛冢墓遺文四編》卷二、《唐代墓誌彙編》上冊（頁62-63）、《全唐文補遺》第四輯（頁303）均著錄誌文。該墓誌出土於洛陽。

圖十七　楊玉姿墓誌

（九）顏人墓誌

永徽四年（西元653年）二月十八日，顏人卒於家，其年三月十日遷葬於河南縣平樂鄉邙山之陽。誌蓋已失，誌石邊長四十三釐米，誌文共二十三行，行二十二字，正書，首行題「唐故顏君墓誌銘」。《北京圖書館藏墓誌拓本目錄》頁八十五有拓本。《芒洛冢墓遺文四編》卷二、《唐代墓誌彙編》上冊（頁178）、《全唐文補遺》第四輯（頁327）均著錄誌文。該墓誌出土於洛陽。

圖十八　顏人墓誌

（十）程寶安墓誌

永徽四年（西元653年）三月，程寶安卒於家，三月十五日葬於
闕岩原敬善伽藍西一里。誌蓋已失，誌石邊長二十六釐米，誌文共十
行，行十一字，正書。《北京圖書館藏墓誌拓本目錄》頁八十五有拓
本。《唐代墓誌彙編》上冊（頁174）、《全唐文補遺》第四輯（頁
325）均著錄誌文。該墓誌出土於洛陽。

圖十九　程寶安墓誌

（十一）安延墓誌

貞觀十六年（西元642年），安延卒於私第，永徽四年（西元653年）四月廿八與夫人劉氏合葬於北邙之陽。誌蓋已失，誌石邊長四十九釐米，誌文共二十行，行十九字，正書，首行題「唐故上開府上大將軍安府君墓誌銘并序」。《北京圖書館藏墓誌拓本目錄》頁七十二有拓本。《芒洛冢墓遺文四編》卷二、《唐代墓誌彙編》上冊（頁180）、《全唐文補遺》第四輯（頁328）均著錄誌文。向達認為誌主是入居中國的西域人（見《唐代長安與西域文明》，頁10。）。該墓誌出土於洛陽。

圖二十　安延墓誌

（十二）顏相墓誌

永徽五年（西元654年）四月六日，顏相卒於立行之里，其月廿七日葬於北邙山。誌蓋已失，誌石高五十三釐米，寬五十二釐米，誌文共二十三行，行二十三字，首行題「唐故顏君墓誌銘并序」。《北京圖書館藏墓誌拓本目錄》頁八十八有拓本。《芒洛冢墓遺文四編》卷二、《唐代墓誌彙編》上冊（頁198）、《全唐文補遺》第四輯（頁338）均著錄誌文。誌石數處漫漶不清；〈芒洛冢墓遺文四編〉較其他藏拓更為完整。該墓誌出土於洛陽。

圖二一　顏相墓誌

（十三）李強墓誌

　　永徽四年（西元653年）八月十二日，李強卒於愛州官舍，永徽六年（西元655年）正月十一日歸葬邙山。誌蓋已失，誌石高五十釐米、寬五十二釐米。誌文共二十三行，行二十三字，正書，首行題「唐故行愛州司馬騎都尉李君墓誌銘并序」。《北京圖書館藏墓誌拓本目錄》頁八十七有拓本。《芒洛冢墓遺文四編》卷二、《唐代墓誌彙編》上冊（頁208-209）、《全唐文補遺》第四輯（頁343-344）均著錄誌文。誌文所記金鏞府，為唐河南道河南府境內折衝府，失載，羅振玉以其補《新唐書・地理志》闕失（羅振玉：〈唐折衝府考補〉，《二十五史補編》，第六冊，頁7634。）。該墓誌出土於洛陽。

圖二二　李強墓誌

（十四）徐君通墓誌

永徽六年（西元655年）十一月二十一日，徐君通卒於私第，其年十二月十一日葬於洛之北邙清風里。誌蓋題銘「大唐故徐府君墓誌銘」，誌石邊長四十四釐米，誌文共二十行，行二十字，正書，首行題「大唐故彭城徐君墓誌銘并序」。《北京圖書館藏墓誌拓本目錄》頁九十有拓本。《芒洛冢墓遺文四編》卷二、《唐代墓誌彙編》上冊（頁227-228）、《全唐文補遺》第六輯（頁252）均著錄誌文。該墓誌出土於洛陽。

圖二三　徐君通墓誌

（十五）王摩墓誌

　　顯慶四年（西元657年）五月九日，王摩卒於私第，其年五月二十六日葬於河南縣平樂鄉邙山。誌蓋已失，誌石邊長三十七釐米，石中裂。誌文共十五行，行十四字，正書，首行題「大唐故夫人王氏墓誌銘并序」。《芒洛冢墓遺文四編》卷二、《唐代墓誌彙編》上冊（頁293-294）著錄誌文。該墓誌出土於洛陽。

圖二四　王摩墓誌

（十六）張氏墓誌

　　龍朔年間（西元661-663年），張氏卒於景行坊里第，其年十月二十九日葬於河南縣平樂鄉邙山之嶺。誌蓋已失，誌石高五十三釐米，寬五十一釐米，誌文共十九行，行二十一字，正書，首行題「唐故德州參軍桓君夫人張氏墓誌并序」。《北京圖書館藏墓誌拓本目錄》頁一〇九有拓本。《芒洛冢墓遺文四編》卷三、《唐代墓誌彙編》上冊（頁395）均著錄誌文。該墓誌出土於洛陽。

圖二五　張氏墓誌

（十七）呂德與妻陳氏墓誌

　　永徽元年（西元650年）七月廿六日，呂德卒於私第，陳氏麟德元年（西元664年）正月三日卒於私第，二人於其年正月二十五日合葬於北芒山。誌蓋已失，誌石高三十七釐米，寬三十六釐米，誌文共二十行，行二十字，正書，首行題「大唐故處士呂府君陳夫人墓誌銘」。《北京圖書館藏墓誌拓本目錄》頁八十一有拓本。《唐代墓誌彙編》上冊（頁397-398）、《全唐文補遺》第三輯（頁385）均著錄誌文。該墓誌出土於洛陽。

圖二六　呂德與妻陳氏墓誌

（十八）趙宗墓誌

大唐麟德元年（西元664年）四月十六日，趙宗卒於雍州好畤縣，乾封元年（西元666年）四月廿四日改葬於河南縣平樂鄉芒山之陽。誌蓋已失，誌石高五十二釐米，寬五十一釐米，誌文共二十三行，行二十三字，正書，首行題「大唐萬年宮□監農圃監監事趙君墓誌銘并序」。《北京圖書館藏墓誌拓本目錄》頁一一〇有拓本。《唐代墓誌彙編》上冊（頁448）、《全唐文補遺》第三輯（頁394）均著錄誌文。該墓誌出土於洛陽。

圖二七　趙宗墓誌

（十九）周德墓誌

　　乾封二年（西元667年）四月卅日，周德卒於私第，七年五月二十四日葬於河南縣平樂鄉平原。誌蓋已失，誌石邊長四十釐米，誌文共十六行，行十六字，正書，誌面多處漫漶不清，首行題「唐故陪戎周君墓誌銘并序」。《北京圖書館藏墓誌拓本目錄》頁一一六有拓本。《芒洛冢墓遺文四編》卷三、《唐代墓誌彙編》上冊（頁460-461）均著錄誌文。該墓誌出土於洛陽。

圖二八　周德墓誌

（二十）張仁墓誌

顯慶五年（西元660年）七月十七日，張仁卒於時邑坊私第，夫
人宋氏於乾封二年（西元667年）五月朔十日終於私第，其年十月二
十二日與張仁合葬於平樂鄉北邙之陽。誌蓋已失，誌石邊長八十點七
釐米，誌文共二十三行，行二十三字，首行題「唐故蒲津關令雲騎尉
張君墓誌銘并序」。《芒洛冢墓遺文四編》卷三、《唐代墓誌彙編》上
冊（頁469-470）、《全唐文補遺》第五輯（頁138-139）均著錄誌文。
該墓誌出土於洛陽。

圖二九　張仁墓誌

（二十一）孫處信墓誌

　　總章元年（西元668年）五月七日，孫處信卒於私第，其年其月十九日葬於北邙平原平樂鄉。誌蓋已失，誌石高三十六釐米，寬三十五釐米，誌文共十四行，行十五字，正書，首行題「唐故孫君墓誌銘并序」。《北京圖書館藏墓誌拓本目錄》頁一一九有拓本。《唐代墓誌彙編》上冊（頁484-485）、《全唐文補遺》第五輯（頁145-146）均著錄誌文。該墓誌出土於洛陽。

圖三十　孫處信墓誌

（二十二）唐仁軌墓誌

總章二年（西元669年）正月七日，唐仁軌卒於私第，其月二十三日葬在邙山之陽。誌蓋已失，誌石高三十六釐米，三十五釐米，誌文共十七行，行十七字，正書，首行題「大唐故並州文水縣尉唐君墓誌」。《中國歷代墓誌選編》卷三（頁44）收有拓本影印件；〈北京圖書館藏墓誌拓本目錄〉頁一二○有拓本。《芒洛冢墓遺文四編》卷三、《唐代墓誌彙編》上冊（頁495）、《全唐文補遺》第五輯（頁148）均著錄誌文。該墓誌出土於洛陽。

圖三一　唐仁軌墓誌

（二十三）王令墓誌

　　貞觀廿三年（西元649年）七月十一日，王令卒於私第，總章二年（西元669年）二月二十二日夫人李氏卒於私寢，其年三月二十八日合葬於芒山。誌蓋已失，誌石邊長四十六釐米，誌文共二十三行，行二十二字，正書，首行題「大唐故儒林郎王君墓誌銘」。《中國歷代墓誌選編》三（頁45）收有拓本影印件：〈北京圖書館藏墓誌拓本目錄〉頁七十九有拓本。《芒洛冢墓遺文四編》卷三、《唐代墓誌彙編》上冊（頁500）、《全唐文補遺》第五輯（頁149）均著錄誌文。後出的錄文較為完整，大概為拓本製作方式不同所致，非誌石殘缺。該墓誌出土於洛陽。

圖三二　王令墓誌

（二十四）楊大隱墓誌

　　咸亨三年（西元672年）十月十□日，楊大隱卒於清化里之第，同月二十八日遷葬於城北平樂里之原。誌蓋已失，誌石邊長四十一釐米，誌文共十九行，行十九字，正書，首行題「唐故上柱國楊君墓誌銘并序」。《北京圖書館藏墓誌拓本目錄》頁一二七有拓本。《芒洛冢墓遺文四編》卷三、《唐代墓誌彙編》上冊（頁554）、《全唐文補遺》第五輯（頁161-163）均著錄誌文。該墓誌出土於洛陽。

圖三三　楊大隱墓誌

（二十五）費胤斌墓誌

　　咸亨三年（西元672年）八月二十五日，費胤斌卒於河南里第，其年十二月三日與夫人李氏合葬於平陰鄉。誌蓋已失，誌石高四十五釐米，寬四十四釐米，誌文共二十三行，行二十三字，正書，首行題「□□□辰州刺史上護軍費府君墓誌銘并序」。《中國歷代墓誌選編》三（頁68）收有拓本影印件：〈北京圖書館藏墓誌拓本目錄〉頁一二七有拓本。《芒洛冢墓遺文四編》卷三、《唐代墓誌彙編》上冊（頁561）、《全唐文補遺》第五輯（頁163）均著錄誌文。該墓誌出土於洛陽。

圖三四　費胤斌墓誌

（二十六）張傑墓誌

貞觀廿三年（西元649年）九月十七日，張傑卒於私第，夫人王氏咸亨四年（西元673年）十月十六日與君合葬於北邙之陽。誌蓋已失，誌石高六十七釐米，寬六十六釐米，誌文共二十二行，行二十二字，正書，首行題「大唐故襄州襄陽縣主簿上輕車都尉張君墓誌銘并序」。《北京圖書館藏墓誌拓本目錄》頁八十有拓本。《芒洛冢墓遺文四編》卷三、《唐代墓誌彙編》上冊（頁578）、《全唐文補遺》第五輯（頁169）均著錄誌文。該墓誌出土於洛陽。

圖三五　張傑墓誌

（二十七）程逸墓誌

　　貞觀二十二年（西元648年）九月二十四日，程逸卒於修義里，夫人嚴氏咸亨五年（西元674年）八月九日卒於修義里，上元元年（西元674年）八月二十九日合葬於邙山。誌蓋高四十六釐米，寬四十六點六釐米，篆書。誌石高四十五釐米，寬四十六釐米，誌文共二十五行，行二十五字，正書，首行題「大唐故處士程君墓誌銘并序」。《唐代墓誌彙編》上冊（頁593）、《全唐文補遺》第六輯（頁317）均著錄誌文。《唐代墓誌彙編》謂誌蓋失，然誌蓋尚存國家博物館。該墓誌出土於洛陽。

圖三六　程逸墓誌

（二十八）樂歸墓誌

　　上元三年（西元676年）五月一日，樂歸卒於從善里第，其年其月十八日與夫人合葬於河南縣邙山破陵北三里之平原。誌蓋題銘「樂君墓誌」，誌石高四十五釐米，寬四十七釐米，誌文共二十二行，行二十三字，正書，首行題「大唐故處士樂君墓誌銘并序」。誌石左側上下角稍損，左上角至右下角有裂痕。《北京圖書館藏墓誌拓本目錄》頁一三四有拓本。《芒洛冢墓遺文四編》卷三、《唐代墓誌彙編》上冊（頁614-615）、《全唐文補遺》第三輯（頁437）均著錄誌文。該墓誌出土於洛陽。

圖三七　樂歸墓誌

（二十九）董文墓誌

儀鳳元年（西元676年）十一月廿六日，董文卒於洛州弘教里之私第，其年十二月十三日葬於邙山平樂之原。誌蓋已失，誌石高五十四釐米，寬五十六釐米，厚九點五釐米，誌文共二十三行，行二十三字，正書。《北京圖書館藏墓誌拓本目錄》頁一三四有拓本。《芒洛冢墓遺文四編》卷三、《唐代墓誌彙編》上冊（頁626）、《全唐文補遺》第五輯（頁183）均著錄誌文。該墓誌出土於洛陽。

圖三八　董文墓誌

（三十）陳琮墓誌

儀鳳二年（西元677年）八月十二日，陳琮終於州廨，儀鳳四年
（西元679年）正月二十八日遷葬於洛州洛陽縣之平陰原。誌蓋已
失，誌石高四十九釐米，寬四十九點五釐米，厚十釐米，誌文共二十
七行，行二十七字，正書，首行題「唐故朝議郎行舒州司馬陳公墓誌
銘并序」。首見《中國歷史博物館藏法帖大觀》第十卷《墓誌拓本》
著錄文〈全唐文補編〉下冊（頁2419）據此收錄誌文。有專文《唐陳
琮墓誌跋》。該墓誌出土於洛陽。

圖三九　陳琮墓誌

（三十一）張曄墓誌

　　龍朔元年（西元661年）六月二十二日，張曄卒於相州滏陽縣南
□（呂）固村私第，夫人杜氏總章二年（西元669年）二月二十二日
同卒於此，調露元年（西元679年）十月二日合葬於白道村西二百步
平原。誌蓋已失，誌石邊長四十二釐米，誌文共十九行，行二十字，
正書，首行題「大唐故鄭州管城縣令張君墓誌銘」。《京畿冢墓遺文》
卷上、《唐代墓誌彙編》上冊（頁657）、《全唐文補遺》第三輯（頁
448）著錄誌文。

圖四十　張曄墓誌

（三十二）杜秀墓誌

貞觀十年（西元636年）四月三日，杜秀卒於私第，調露元年（西元679年）十月廿五日與夫人馮氏合葬於高遷村北。誌蓋已失，誌石高六十八釐米，寬三十九釐米，誌文共十六行，行二十一字，正書，額題「大唐故御史杜君墓誌之銘」。《北京圖書館藏墓誌拓本目錄》頁六十七有拓本。《京畿冢墓遺文》卷中、《唐代墓誌彙編》上冊（頁664）、《全唐文補遺》第四輯（頁379-380）著錄誌文。

圖四一　杜秀墓誌

（三十三）樂恭墓誌

　　調露二年（西元680年）四月十日，樂恭終於私第，享年五十八歲，其月十七日葬於北邙。《洛陽出土石刻時地記》載，一九二五年五月初一於洛陽北十四里鄭凹村南出土。（頁155）誌蓋已失，誌石邊長二十九釐米，誌文共十七行，行十七字，正書，首行題「大唐洛州洛陽縣故記室參軍樂君墓誌銘」。《北京圖書館藏墓誌拓本目錄》頁一三九有拓本。《唐代墓誌彙編》上冊（頁670-671）、《全唐文補遺》第四輯（頁382）著錄誌文。

圖四二　樂恭墓誌

（三十四）蕭瑤與夫人杜氏墓誌銘

貞觀十二年（西元638年）八月十四日，蕭瑤卒於私第，享年五十歲，貞觀十三年（西元639年）權殯於洛陽邙山，夫人杜氏乾封元年（西元666年）八月一日卒於南服，享年七十歲，儀鳳元年（西元676年）十一月二十日葬於河南縣平樂鄉安善里杜郭村西南一里北邙之原，又永隆二年（西元681年）二月二十日遷公神柩合葬於夫人之塋。誌石邊長三十九釐米，誌文共十九行，行十九字，正書，首行題「大唐故滄州景城縣令蕭公及夫人杜氏墓誌」。《洛陽出土石刻時地記》載「陽湖董康藏石。」（頁156）《北京圖書館藏墓誌拓本目錄》頁六十八有拓本。《芒洛冢墓遺文四編》卷三、《唐代墓誌彙編》上冊（頁675）、《全唐文補遺》第四輯（頁384）著錄誌文。

圖四三　蕭瑤與夫人杜氏墓誌

（三十五）康柷墓誌

　　顯慶元年（西元656年）二月十八日，康柷去世，享年六十五歲，夫人曹氏永隆二年（西元681年）六月一日終於私第，享年七十五歲，其年八月六日改葬邙山。誌石高四十五釐米，寬四十四釐米，誌文共二十三行，行二十三字，正書，首行題「唐故康君墓誌銘并序」。《北京圖書館藏墓誌拓本目錄》頁九十一有拓本。《芒洛冢墓遺文四編》卷三、《唐代墓誌彙編》上冊（頁680）、《全唐文補遺》第三輯（頁452-453）著錄誌文。向達認為誌主源出西域，見《唐代長安與西域文明》，頁19。

圖四四　康柷墓誌

（三十六）吉懷惲墓誌

　　垂拱三年（西元687年）正月十日，吉懷惲卒於延福里第，享年四十五歲，其年正月二十五日葬於邙山之陽。誌石邊長四十一釐米，誌文共二十三行，行二十三字，正書，首行題「唐故東宮左勳衛騎都尉宣義郎馮翊吉君墓誌銘并序」。《洛陽出土石刻時地記》載「陽湖董康藏石」。《北京圖書館藏墓誌拓本目錄》頁一四七有拓本。《芒洛冢墓遺文四編》卷三、《唐代墓誌彙編》上冊（頁750）著錄誌文。

圖四五　吉懷惲墓誌

（三十七）關師墓誌

　　長壽三年（西元694年）五月二日，關師卒於私第，享年六十六歲，延載元年（西元694年）五月二十六日遷廟於邙山之陽。誌石邊長六十釐米，誌文共二十四行，行二十四字，正書，首行題「周故朝議郎洪州高安縣丞上柱國關君之銘并序」。《洛陽出土石刻時地記》有其目。（頁176）《中國歷代墓誌選編》三（頁174）有拓本。《芒洛冢墓遺文四編》卷四、《唐代墓誌彙編》上冊（頁860）、《全唐文補遺》第五輯（頁214-215）著錄誌文。

圖四六　關師墓誌

（三十八）楊岳墓誌

　　證聖元年（西元695年）二月二十二日，楊岳卒於立行里私第，其年三月十三日殯於河南合宮縣北邙山。誌石邊長三十八釐米，誌文共十五行，行十八字，正書，首行題「大周楊府君墓誌銘并序」。《北京圖書館藏墓誌拓本目錄》頁一五七有拓本。《芒洛冢墓遺文四編》卷四、《唐代墓誌彙編》上冊（頁873）、《全唐文補遺》第五輯（頁219-220）著錄誌文。

圖四七　楊岳墓誌

（三十九）秦朗墓誌

　　聖曆元年（西元698年）三月九日，秦朗終於私第，享年七十四歲，其年五月七日葬於洛陽縣平陰鄉北邙山。誌石高四十三釐米，寬四十二釐米，誌文共十七行，行二十字，正書，首行題「大周故登仕郎前複州監利縣尉秦府君墓誌并序」。《北京圖書館藏墓誌拓本目錄》頁一六二有拓本。《芒洛冢墓遺文四編》卷四、《唐代墓誌彙編》上冊（頁923）、《全唐文補遺》第六輯（頁345）著錄誌文。

圖四八　秦朗墓誌

（四十）張方仁墓誌

長安四年（西元704年）六月二十九日，張方仁亡，其年八月七日葬於洛州合宮縣之北原。誌石邊長四十三釐米，誌文共二十行，行二十字，正書，首行題「大周故張方仁墓誌銘」。《北京圖書館藏墓誌拓本目錄》頁一七二有拓本。《芒洛冢墓遺文四編》卷四、《唐代墓誌彙編》上冊（頁1033-1034）、《全唐文補遺》第五輯（頁273）著錄誌文。

圖四九　張方仁墓誌

（四十一）高知行墓誌

　　景龍二年（西元708年）正月一日，高知行終於私第，享年六十八歲，景龍三年（西元709年）二月九日合葬於洛陽城北十五里之原。誌石邊長五十二釐米，誌文共二十八行，正書，首行題「唐故奉義郎前將作監大蔭監副監高府君墓誌銘并序」。《北京圖書館藏墓誌拓本目錄》頁一八〇有拓本。《芒洛冢墓遺文四編》卷五、《唐代墓誌彙編》上冊（頁1089-1090）、《全唐文補遺》第六輯（頁372-373）著錄誌文。

圖五十　高知行墓誌

（四十二）邢思賢墓誌

先天元年（西元712年）九月七日，邢思賢終於京兆安邑里私第，享年四十八歲，開元三年（西元715年）二月二十八日歸殯於河南郡平樂鄉原先塋。誌石高四十四釐米，寬四十三釐米，誌文共二十二行，行二十三字，正書，首行題「大唐故忠武將軍行右領軍衛涇州純德府折衝都尉上柱國邢君墓誌銘并序」。《洛陽出土石刻時地記》有其目。（頁212）《北京圖書館藏墓誌拓本目錄》頁一八五有拓本。《芒洛冢墓遺文四編》卷五、《唐代墓誌彙編》上冊（頁1159-1160）、《全唐文補遺》第五輯（頁317-318）著錄誌文。

圖五一　邢思賢墓誌

（四十三）夏侯法寶墓誌

　　開元九年（西元721年）十一月二十九日，夏侯法寶與夫人合葬於雲門山南原。誌石高六十七釐米，寬二十六釐米，誌文共二十二行，行字數不等，行書，首行題「唐故處士上柱國夏侯君墓誌銘并序」。《唐代墓誌彙編》上冊（頁1252-1253）據《中州冢墓遺文補》著錄誌文。

圖五二　夏侯法寶墓誌

（四十四）董乾運墓誌

　　開元十年（西元722年）八月二日，董乾運終於河南府履順里私第，享年五十九歲，其年九月廿九日葬於邙山。誌石邊長四十八釐米，誌文共二十四行，行二十三字，隸書，首行題「大唐故左羽林軍長上果毅都尉董公誌石文并序」。《中國歷代墓誌選編》四（頁3）收

拓本影印件。《唐代墓誌彙編》上冊（頁1263）據《芒洛冢墓遺文四
編》卷五著錄誌文：〈全唐文補遺〉第六輯（頁397-398）著錄誌文。

圖五三　董乾運墓誌

（四十五）薛淑墓誌

　　開元廿二年（西元734年）正月二十日，薛淑終於河陽私第，享
年七十七歲，其年三月十一日權殯於洛陽北邙之原。誌石高五十七點
五釐米，寬五十七釐米，誌文共二十行，行二十字，正書，首行題

「大唐故左千衛鎧曹源府君夫人薛氏墓誌銘并序」。《唐代墓誌彙編》下冊（頁1431）據《芒洛冢墓遺文四編》卷五著錄誌文：〈全唐文補遺〉第四輯（頁426）著錄誌文。

圖五四　薛淑墓誌

（四十六）崔攀墓誌

開元廿七年（西元739年），崔攀終於叔祖東都留守之官舍，其年八月三日遷窆於北邙山平樂鄉之原。誌石高三十四釐米，寬三十四點

五釐米，誌文共十八行，行十八字，正書，首行題「唐故滎陽鄭賓妻
博陵崔氏墓誌銘并敘」。《唐代墓誌彙編》下冊（頁1495）據《芒洛冢
墓遺文三編》著錄誌文。

圖五五　崔攀墓誌

（四十七）源內則墓誌

開元二十九年（西元741年）五月四日，源內則終於尊賢里之私
第，其月二十三日歸葬邙山，享年六十七歲。誌石高四十七點五釐

米，寬四十八釐米，誌文共二十二行，行二十三字，正書，首行題
「大唐故汴州尉氏縣尉楊府君夫人河南源氏墓誌銘并序」。《洛陽出土
石刻時地記》載出土時夫婦墓誌同時出土。（頁270）《唐代墓誌彙
編》下冊（頁1521-1522）據《芒洛冢墓遺文四編》卷五著錄誌文。
《全唐文補遺》第五輯（頁371）著錄誌文。

圖五六　源內則墓誌

（四十八）嚴氏墓誌

開元二十九年（西元741年）五月十五日，嚴氏終於歸義里私第，享年六十五歲，其年七月一日權窆與北邙王趙。誌石邊長四十七釐米，誌文共二十三行，行二十三字，正書，首行題「大唐故李府君夫人嚴氏墓誌銘并序」。《唐代墓誌彙編》下冊（頁1522-1523）據《芒洛冢墓遺文三編》著錄誌文。《全唐文補遺》第四輯（頁30-31）著錄誌文。同年題「大理評事馬巽撰」的還有《唐故右監門衛兵曹參軍張君墓誌銘》。

圖五七　嚴氏墓誌

（四十九）韓氏墓誌

開元十七年（西元729年）十二月廿九日，韓氏卒，天寶四年
（西元745年）十月廿五日葬於故零泉縣西北一里半平原。誌石高五
十一點二釐米，寬五十一點五釐米，厚九釐米，誌文共二十四行，行
二十四字，正書，首行題「大唐故人諸葛府君夫人韓氏墓誌并序」。
端方舊藏，一九五二年姚鑒捐，現藏中國國家博物館。《北京圖書館
藏墓誌拓本目錄》頁二二九有拓本。《陶齋藏石記》卷二十四收錄誌
文，並考釋世系、地理。《唐代墓誌彙編》下冊（頁1528）據《陶齋
藏石記》著錄誌文。

圖五八　韓氏墓誌

（五十）王爽墓誌

天寶四年（西元745年）八月，王爽終於東京修義里之私第，享年七十一歲，其年十月二十五日不封不樹。誌文邊長五十二釐米，誌文共三十行，行三十一字，正書，首行題「大唐故吏部常選王府君墓誌并序」。《北京圖書館藏墓誌拓本目錄》頁二二九有拓本。《唐代墓誌彙編》下冊（頁1585）據《芒洛冢墓遺文四編》卷五著錄誌文。《全唐文補遺》第四輯（頁448-449）著錄誌文。

圖五九　王爽墓誌

（五十一）司馬垂墓誌

　　天寶十五年（西元756年）十二月十八日，司馬垂終於德州凝虛寺，享年五十九歲，聖武二年（西元757年）八月九日厝於河南縣平原鄉。誌石邊長七十六釐米，誌文共三十三行，滿行三十三字，正書，首行題「燕故魏州刺史司馬公誌銘」。一九九四年日本柳源書店出版的《中國歷史博物館藏法帖大觀》第十卷《墓誌拓本》首次刊布，一九九六年周錚《司馬垂墓誌考證〉，《全唐文補編》下冊（頁2380-2381）錄文。

圖六十　司馬垂墓誌

（五十二）楊瑩墓誌

大曆十二年（西元777年）三月，楊瑩終於洛陽殖業里之旅舍，享年三十一歲，其年十一月廿二日權厝於北芒之南原。誌石邊長三十六釐米，誌文共二十二行，行二十一字，正書，首行題「南京兆府藍田縣丞竇公夫人弘農楊氏墓誌銘并序」。《唐代墓誌彙編》下冊（頁1794）、《全唐文補遺》第四輯（頁57-58）著錄誌文。

圖六一　楊瑩墓誌

（五十三）李氏墓誌

　　貞元十八年（西元802年）四月十五日，李氏終於池州之官舍，享年二十九歲，貞元十九年（西元803年）四月廿二日窆於河南縣邙山之北原。誌石高四十五釐米，寬四十六釐米，誌文共二十三行，行二十三字，正書，首行題「大唐前揚府參軍孫亡夫人隴西李氏墓誌銘并序」。《北京圖書館藏墓誌拓本目錄》頁二六〇有拓本。《唐代墓誌彙編》下冊（頁1926-1927）據《芒洛冢墓遺文四編》卷六著錄誌文。

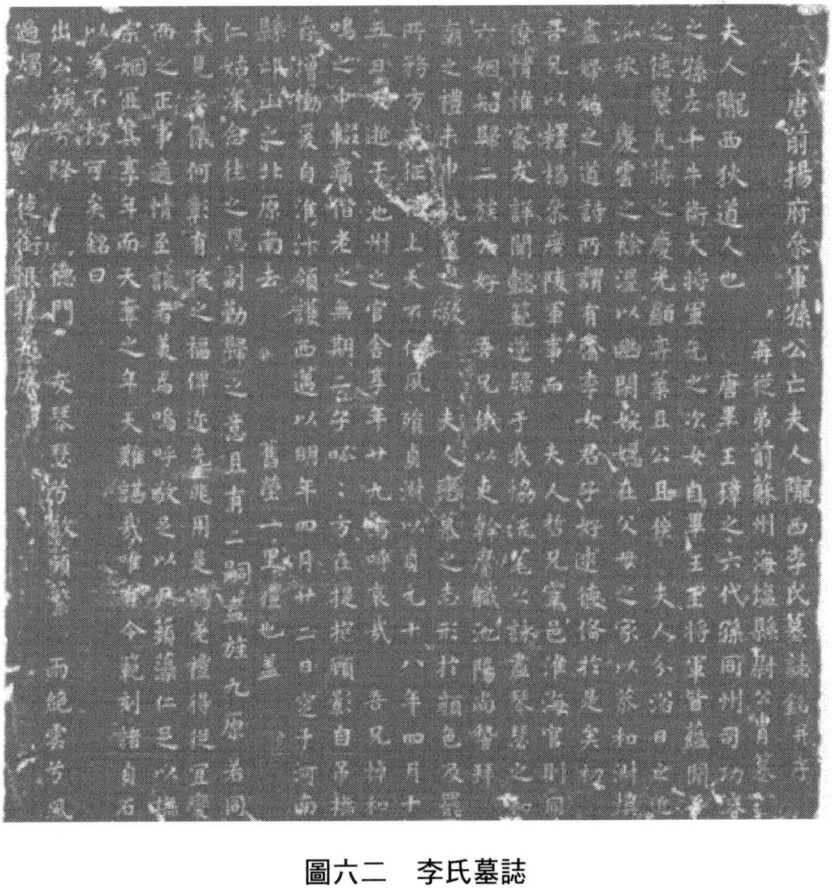

圖六二　李氏墓誌

（五十四）支氏小娘子墓誌

大中七年（西元853年）九月十二日，支氏小娘子卒於東都永泰里，享年十九歲，大中十年（西元856年）五月十八日自揚州啟葬於河南府河南縣平樂鄉北邙山原。誌石邊長三十點五釐米，誌蓋高三十二點五釐米，寬三十二釐米，誌文共二十一行，行二十四字，正書，誌蓋四剎鐫刻牡丹花紋，刻字「支氏小娘子墓」，墓誌首行題「唐故鴻臚卿致仕支公小娘子墓誌銘」。其父祖墓誌皆同日下葬，見《洛陽出土石刻時地記》（頁375-376）《唐代墓誌彙編》下冊（頁2339-2340）、《全唐文補遺》第四輯著錄誌文。

圖六三　支氏小娘子墓誌

（五十五）烏氏墓誌

　　咸通十二年（西元871年）正月十四日烏氏遷神祔於先考之舊塋。誌石高三十一釐米，寬三十三釐米，厚六點七釐米，誌文共二十五行，首行書「唐故丹州刺史兼防禦使楊府君張掖郡烏氏夫人封張掖縣君墓誌」。外祖父烏重胤唐史有傳。《北京圖書館藏墓誌拓本目錄》頁三〇八有拓本。《唐代墓誌彙編》下冊（頁2448）著錄誌文。

圖六四　烏氏墓誌

（五十六）田博及夫人葉氏墓誌

乾封元年（西元666年），田博卒，享年五十九歲，夫人葉氏卒於福善里之私第，享年五十五歲。誌石邊長二十一點五釐米，誌文二十一行，滿行二十四字，首行題「大唐故飛騎尉田君夫人葉氏墓誌銘并序」。

圖六五　田博及夫人葉氏墓誌

史學研究叢書・歷史文化叢刊　0602029

隋唐墓誌研究——以中國國家博物館藏為中心

作　　者　程源源
責任編輯　林以邠
特約校對　林秋芬

發 行 人　林慶彰
總 經 理　梁錦興
總 編 輯　張晏瑞
編 輯 所　萬卷樓圖書股份有限公司
　　　　　臺北市羅斯福路二段 41 號 6 樓之 3
　　　　　電話　(02)23216565
　　　　　傳真　(02)23218698

發　　行　萬卷樓圖書股份有限公司
　　　　　臺北市羅斯福路二段 41 號 6 樓之 3
　　　　　電話　(02)23216565
　　　　　傳真　(02)23218698
　　　　　電郵　SERVICE@WANJUAN.COM.TW
香港經銷　香港聯合書刊物流有限公司
　　　　　電話　(852)21502100
　　　　　傳真　(852)23560735

ISBN 978-626-386-112-1
2024 年 6 月初版一刷
定價：新臺幣 280 元

如何購買本書：

1. 轉帳購書，請透過以下帳戶
　　合作金庫銀行　古亭分行
　　戶名：萬卷樓圖書股份有限公司
　　帳號：0877717092596

2. 網路購書，請透過萬卷樓網站
　　網址 WWW.WANJUAN.COM.TW

大量購書，請直接聯繫我們，將有專人為
您服務。客服：(02)23216565 分機 610

如有缺頁、破損或裝訂錯誤，請寄回更換

國家圖書館出版品預行編目資料

隋唐墓誌研究：以中國國家博物館藏為中心
/ 程源源著. -- 初版. -- 臺北市：萬卷樓圖書
股份有限公司, 2024.06
　　面；　　公分. -- (史學研究叢書. 歷史文化叢
刊；602029)
ISBN 978-626-386-112-1(平裝)
1.CST: 墓志銘　2.CST: 隋唐　3.CST: 中國

794.66　　　　　　　　　　　　113006329